轻与重
FESTINA LENTE

姜丹丹 何乏笔(Fabian Heubel) 主编

哲学家的肚子

[法]米歇尔·翁弗雷 著 林泉喜 译

Michel Onfray
Le ventre des philosophes

华东师范大学出版社

华东师范大学出版社六点分社 策划

主 编 的 话

1

时下距京师同文馆设立推动西学东渐之兴起已有一百五十载。百余年来,尤其是近三十年,西学移译林林总总,汗牛充栋,累积了一代又一代中国学人从西方寻找出路的理想,以至当下中国人提出问题、关注问题、思考问题的进路和理路深受各种各样的西学所规定,而由此引发的新问题也往往被归咎于西方的影响。处在21世纪中西文化交流的新情境里,如何在译介西学时作出新的选择,又如何以新的思想姿态回应,成为我们必须重新思考的一个严峻问题。

2

自晚清以来，中国一代又一代知识分子一直面临着现代性的冲击所带来的种种尖锐的提问：传统是否构成现代化进程的障碍？在中西古今的碰撞与磨合中，重构中华文化的身份与主体性如何得以实现？"五四"新文化运动带来的"中西、古今"的对立倾向能否彻底扭转？在历经沧桑之后，当下的中国经济崛起，如何重新激发中华文化生生不息的活力？在对现代性的批判与反思中，当代西方文明形态的理想模式一再经历祛魅，西方对中国的意义已然发生结构性的改变。但问题是：以何种态度应答这一改变？

中华文化的复兴，召唤对新时代所提出的精神挑战的深刻自觉，与此同时，也需要在更广阔、更细致的层面上展开文化的互动，在更深入、更充盈的跨文化思考中重建经典，既包括对古典的历史文化资源的梳理与考察，也包含对已成为古典的"现代经典"的体认与奠定。

面对种种历史危机与社会转型,欧洲学人选择一次又一次地重新解读欧洲的经典,既谦卑地尊重历史文化的真理内涵,又有抱负地重新连结文明的精神巨链,从当代问题出发,进行批判性重建。这种重新出发和叩问的勇气,值得借鉴。

3

一只螃蟹,一只蝴蝶,铸型了古罗马皇帝奥古斯都的一枚金币图案,象征一个明君应具备的双重品质,演绎了奥古斯都的座右铭:"FESTINA LENTE"(慢慢地,快进)。我们化用为"轻与重"文丛的图标,旨在传递这种悠远的隐喻:轻与重,或曰:快与慢。

轻,则快,隐喻思想灵动自由;重,则慢,象征诗意栖息大地。蝴蝶之轻灵,宛如对思想芬芳的追逐,朝圣"空气的神灵";螃蟹之沉稳,恰似对文化土壤的立足,依托"土地的重量"。

在文艺复兴时期的人文主义那里,这种悖论演绎出一种智慧:审慎的精神与平衡的探求。思想的表达和传播，快者，易乱；慢者，易坠。故既要审慎，又求平衡。在此，可这样领会：该快时当快，坚守一种持续不断的开拓与创造；该慢时宜慢，保有一份不可或缺的耐心沉潜与深耕。用不逃避重负的态度面向传统耕耘与劳作，期待思想的轻盈转化与超越。

4

"轻与重"文丛，特别注重选择在欧洲（德法尤甚）与主流思想形态相平行的一种称作 essai（随笔）的文本。Essai 的词源有"平衡"（exagium）的涵义，也与考量、检验（examen）的精细联结在一起，且隐含"尝试"的意味。

这种文本孕育出的思想表达形态，承袭了从蒙田、帕斯卡尔到卢梭、尼采的传统，在 20 世纪，经过从本雅明到阿多诺，从柏格森到萨特、罗兰·巴特、福柯等诸位思想大师的传承，发展为一种富有活力的知性实践，形成一种求索和传达真理的风格。Essai，远不只是一种书写的风格，也成为一种思考与存在的方式。既体现思索个体的主体性与节奏,又承载历史文化的积淀与转化,融思辨与感触、考证与诠释为一炉。

选择这样的文本,意在不渲染一种思潮、不言说一套学说或理论,而是传达西方学人如何在错综复杂的问题场域提问和解析,进而透彻理解西方学人对自身历史文化的自觉,对自身文明既自信又质疑、既肯定又批判的根本所在,而这恰恰是汉语学界还需要深思的。

提供这样的思想文化资源,旨在分享西方学者深入认知与解读欧洲经典的各种方式与问题意识,引领中国读者进一步思索传统与现代、古典文化与当代处境的复杂关系,进而为汉语学界重返中国经典研究、回应西方的经典重建做好更坚实的准备,为文化之间的平等对话创造可能性的条件。

是为序。

姜丹丹(Dandan Jiang)
何乏笔(Fabian Heubel)
2012 年 7 月

有个问题格外引起我的兴趣,相比神学家的任何古老玄学,"人类的拯救"更依赖它,即饮食问题。

尼采,《瞧,那个人!》

目 录

我的饮食自传 /1

一 杂食者的盛宴 /1

二 第欧根尼,或章鱼的滋味 /17

三 卢梭,或奶酪 /33

四 康德,或道德的酒精中毒 /55

五 傅立叶,或中轴型小肉酱 /75

六 尼采,或反基督者的香肠 /99

七 马里内蒂,或古龙水咖啡煮香肠 /119

八 萨特,或水生甲壳动物的复仇 /143

总结　饮食的快乐知识 /165

参考文献 /183

我的饮食自传

一种烹饪展示一种身体,也揭示一种风格,或者说,还展现一个世界。还是孩子的时候,我就得知道什么是贫穷,就得知道父母怎么熬过月末的难关。鸡蛋和土豆让我明白食物意味着什么,明白没肉吃意味着什么。父亲是农业工人,在家里的餐桌上,鱼是种奢侈:既不适合用餐的环境,又毫无填饱肚子的品质。外省人有的只是粗俗和简陋,昂贵、稀有或精细的菜肴残酷地缺席。富含淀粉的食物像主人一样统治家里的餐桌。餐桌从来不缺难喝的苦涩的苹果酒。醋的味道。地窖的苹果酒在桶里变质,到处都沾上了难以消除的橡树或栗树的气味。桶里渗出的酒渐成细线,滴落在硬土地面上,阴暗潮湿的地窖满是酒味。有时候,瓶子里的苹果酒劲道太大,昏暗中软木塞蹦了出来。浓厚的味道浸润着土地,土地保留着液体的记忆。苹果压弯树枝。有的树枝折断了,掉进油绿柔软的草地。被捡起的苹果覆满露水,它们用来做苹果饼、苹果挞或糖煮苹果。没有桂皮。香料是城市的人造物。果泥上叠铺着的苹果片构成教堂窗花的样子,这是烤炉里的哥特风格。至于奶油,每道菜倒是必不可少,兔肉或鳕鱼、禽肉和水果,都使用奶油。

  大人的心思难以捉摸,我被送进寄宿学校后,跟自然事物的亲近随之被阻断了,再也不能在开学的季节品尝桑椹了,再也不能啃咬在公园里偷摘的苹果了,而且还得放弃榛子、木莓、栗子和酸樱桃。离开了山路、沟壑和野篱笆,忘记了夏日下嘴里嚼着的小草的味道,忘记了从河里钓到的鲦鱼的味道,或者池塘的冬穴鱼在锅里油炸后的味道。再也看不到那些同龄孩子了,他们为了一根香烟而吞食活蚯蚓,或者为了几颗廉价劣质的糖果吞下苍蝇。

  孤儿院让我明白,庇护所里没有世俗百姓的饮食。

自由的味道,我想念极了。食堂代替了厨房,家常菜的味道则被集体厨房的油腻味取代。我见识了松弛乏味的果冻、漂白粉味浓的水,还有学校的糕点学徒烤焦的面包。酱汁凝结在盘子里,我们把盘子倒过来玩,看看被油粘住的里脊还能不能留在硬质玻璃上。我们要咽下红得像新鲜血液的西红柿粉丝汤,吃下没熟透的带血猪肝片,咀嚼冷却的豆泥和弹性十足的猪心切片。四点钟,饿坏肚子的孩子们纷纷冲向掉色的宽塑料桶抢干面包块。巧克力尽管粗糙得不能再粗糙了,却是唯一的奢侈。教会学校的好处是有弥撒:七点半,在刷牙和喝牛奶咖啡之间,唱诗班的孩子能喝一满杯白葡萄酒,或者偷偷抓几把圣餐饼,可又害怕受到诅咒,就只能希望它们还没被奉献给上帝。有时候,我冒犯之心兴起,把圣餐饼塞进帽子,后来再倒进装着牛奶咖啡的碗。看着没发酵的面包圆片融进温暖的液体,渐渐沉到容器的底部,这场景真刺激想象:世界被凿沉或淹没,可怜的基督因化身为面食而溺水了。幸好周日下午有外出活动,两人一行,让人有机会偷偷采摘那些还保留着自由味道的浆果和野果。

后来的寄宿生活没有那么死板。我离开混杂着小男孩和单身教士体味的孤儿院,进入附近城市的高中;因为在地区首府,所以见识了味道最怪异的牛奶。咖啡店老板人很逗,对怪味道很是得意。我发现了火腿黄油三明治,它从此在我脑子里成了速成食物的标志。我用买书剩下来的钱第一次品尝了薄饼。在城里唯一的茶馆,我把巧克力和糕点送给初恋小女生。当时的我必须在集体食堂的糕点店和有精神境界的食物之间进行选择。茶馆的账单让我死了两个星期。我故意让自己更接近荒诞,在甜甜的橱窗下等待女生的时候,竟然阅读克努特·哈姆生的《饥饿》,想想真好笑。

青少年需要的是食物的量,对食物的质总有点不屑。我吞食不计其数的布丁,全都是用甜点店或面包店剩下的边角料做的。浓烈的糖味,糖煮的水果,还有凝固的糖浆,完全熄灭了被压缩的各种滋味。还有一种布列塔尼薄饼,用玻璃纸包装,掺杂廉价巧克力。食物的量比任何滋味都更重要。

我和伙伴第一次翻墙溜出宿舍,跑到小城的街道上游荡,寻觅仍在营业的咖啡馆。那是严冬夜晚的十点,第一口咽下肚的烈酒呛得我们直咳嗽。不过,橙子酒得到我的青睐。有个伙伴很有钱,他妈妈开的酒吧定期让我们享用,在我们得到自由的那几个小时里是她值班,她的安排真是周到。

到了大学,也到了时常喝得烂醉的时代。一位学哲学的同学也对每周两节的认识论课感到无聊至极,我跟他喝干邑,一醉方休。圣诞假期,我俩跟各自的家人没了联系,被抛弃在校园里,于是喝完了在城里超市顺来的一瓶酒。当然,顺酒的举动是政治性的,因为这样做是动摇消费社会的基础……往牙杯里放五六块糖,倒进劣质灼喉的烧酒,重复操作几次后,我们就不省人事了,持续好几个小时的酒精昏迷……每天都去的大学餐厅是我们的悲惨生活的一部分,那里尽是沙丁鱼、砂锅豆子炖肉、香蕉。

学业的最初成功被我们用作借口,趁机举办不那么朴素,更有些情调的聚会。我喜欢上了勃艮第葡萄酒,喜爱它泥土的芬芳,或皮革的香味,还喜欢阿尔萨斯葡萄酒,喜爱它们清新的酒香和黄果的味道。温度、年份和菜肴搭配,这样的游戏深深吸引了我。几瓶稀有的好酒,留着等待名副其实的成功到来,这是珍贵的回忆。在博士论文获得好评之际,打开一瓶勃艮第的阿乐斯-哥顿年份酒,配上精心烹制的菜肴,论文价值才得以体现。

随着时间流逝,我的生活渐渐安定下来。漂泊的求学生涯只是一段时间而已。大学宿舍让位给装满书籍和唱片的房间。砂锅豆子炖肉或白铁罐里的酸菜,被我按自己的口味烹饪的菜肴取代。十年动脑子的生活,就是我每天做菜的十年时光。

在书籍和食物之间划上连字符,是因为我的一位书商朋友。这位追求完美和极具品味的人,将自己的过去隐藏在优雅的腼腆之下。决定当书商之前,他曾在巴黎当厨师。巧克力蛋糕和格外的好酒,还有无限的友谊,都因有了他:读高中时,我一文不名,他送了我好几次书,比如里瓦罗尔或莫拉斯的精装版作品。他还送我一些做酱汁或成功烤制美味食物所必不可少的小东西。

后来我成了哲学教师,可病魔很快把这位朋友带走了,太快了。在我心里,他既有稍带憨厚的智慧,又有惊人的品尝天赋。享用他的美食佳酿之时,我们旁边总有好书,或者好看的丢勒或伦勃朗的版画,他总是谈吐优雅。他是能邀请格里莫·德·拉·雷尼耶来家晚宴的完美东道主。

他的离世令我非常痛苦。锅碗瓢盆前,我常常想起他的微笑、建议、他的酱料和巧克力。我继续烹饪,但一直怀念他的秘方和窍门。每当紫罗兰开花的时候,我总不忘去坟前看看他。

几次海外旅行,我有了机会去品尝山川,吞咽天地,欣赏各地的独特香气和味道。在前苏联的格鲁吉亚,高加索深山里的牲畜祭祀仿佛荷马笔下的场景,烧火用的木头巨大无比,我目睹了奇怪的烹饪方式。鸽子和羊、公鸡和母鸡在巨大的热锅里翻滚;人们将带血的肉分给路人享用,同时献上虔诚的祝福,客人要全吃完,祝福才灵验。蔬菜沉进煮着动物内脏的大锅,玩耍的孩子用血水在额头上标记十字架。在阿塞拜疆,当地小市场堆满了青苹果和硬得像石块的梨子。我品尝了奇怪的果仁圈,那是用细线串起来的榛子仁或核桃仁,多次浸泡在混有葡萄汁的浓稠糖水里而制成的。这种方法让阳光结晶,构成光亮柔滑的葡萄味薄层。在亚美尼亚的塞凡湖畔,我尝到一种只能在高山水域找得到的红点鲑鱼。当地做法好像故意要阻碍人享用难得的美味似的,先在鱼肉上撒上面包屑,再放入油锅煎炸,鲜味就这样被热油覆盖了。真神啊!根本无法破解。本来只需要一种合适的蒸法,鱼肉稍稍烹熟,便能释放出鲜香和美妙。列宁格勒是座死板的城市,包裹着钢铁蓝和铅灰色,这里的鱼子酱没有名字,珍珠灰的颜色,透亮如琥珀,入口即化,像茫茫大海化在嘴里。追寻克尔凯郭尔的足迹,我来到哥本哈根,波罗的海的绚烂色彩仿佛炸熟了熏鱼和腌鱼,腌料的酸味竟没有让鱼肉损失任何鲜味。在巴塞罗那,喝下大麦饮料"欧洽塔"的那一刻,仿佛咽下了透着凉气的整片麦子地。在罗马,我光顾了纳沃纳广场的冰激凌店,真是令人惊叹,有"三步阶"、"吉奥力帝"、"雪花"这些老店,还有先贤堂片区和"副本堂神甫的弥撒"街道上的铺子。烈日把炎热撒到哲学家卢克莱修和罗马皇帝奥勒留的土地上,人们躲在阴凉处品尝冰激凌,有紫罗兰味的、香菇味的、胡萝卜味的、带玫瑰花瓣的,以及带别的各种香味的。在日内瓦追寻伏尔泰和卢梭的身影时,我喝了沃州葡萄酒和瓦莱白葡萄酒。在威尼斯,我啃咬了大运河市场出售的水果:水果似乎充斥着水和天,人们用水和天创造出绝无仅有的城市,一座城池就是一件艺术品。在法国其他地方，我遇见各种特色菜，同时遇见各地的人：穿过佩里戈尔德地区时，我没有错过果酱、煎土豆片或核桃糕；经过布列塔尼时，在康卡勒堤岸上也不忘吞食几只牡蛎；在孚日省品尝当地人自家产的熟奶酪配水煮土豆；在普罗旺斯吃炖菜配烤鱼；在比利牛斯山享用猎人妻子做的红烧野猪肉……

到一个地方，光看它是不够的，还要听它、尝它，从它所有的毛孔渗入它。身体是通向知识的唯一路径。格里莫·德·拉·雷尼耶已经很明白地说过，地理学若要不令人厌烦，只能谈论美食。

朋友们围桌而坐，对生活的厌恶感立即消失殆尽。几个熟人都真心说，一种饮食，就是一种风格：有位爱幻想的朋友做烤鸽子她将各地风味带进自己的烤炉，不论中国的火锅，还是日本的生鱼；有位朋友是巴黎人，遁入乡村后成了肉酱专家，却只做胡萝卜土豆烩牛肉；有位朋友脑子一根筋，罐头的使用说明能让她手足无措，折腾半天，最后连一道最简单的菜都拿不出来。有人做菜像摆弄禅意花园或苏维埃建筑。这个人喜欢葡萄甜烧酒，那个人钟爱勃艮第某产区附近的葡萄酒；这个人用餐只喝苹果酒或梨子酒,那个人是亲东方的当地议员,配匈牙利肥肝时用产自前苏联各地的难喝的葡萄酒。还有很多次,微波炉被用来做糖煮水果,鲜鱼也几乎烤成了鱼干……

为了捉弄这帮人,1987年底,我居然想到让自己患上栓塞。这个想法并非没有道理,后面的内容跟血管相关。所有人都惊呆了:体检数据没有预示,大家都觉得这个意外很荒唐。我居然在二十八岁得了血管栓塞……

拍两张心电图之间,还有一针自抗栓注射液和一次抽血。这时,命运之神出现了,化身为像厌食者的营养师。她不苟言笑,瘦得令人讨厌,不过,瘦是她的职业道德的标志。她给我上了一堂无聊的课,教我要像荒漠里的修道士那样正确使用食物。心脏病突发的前夜,我还为六七个人的一场饭局烹制了玉皇蘑芹菜羊肩啊。我必须悼念这一切了,要全身投入低热、低糖和低脂的饮食了。我那么多的烹饪书籍要换成一本医学字典或一本维达尔医药字典了。这位面色苍白,体态柔弱的卡路里公职人员给我开了堂讲座,讲轻质奶油、脱脂牛奶和水煮食物的优点。美味酱汁和淀粉勾芡,永别了!我必须转而去吃草和绿色蔬菜……我跳了起来,就如英雄发表临终遗言,说我宁愿吃着黄油死去,也不要靠人造奶油苟且偷生。她是能读懂人心的魔鬼心理师,却是平庸的营养师,她蔑视基本逻辑,居然喊道,黄油和人造奶油是一回事。真不带什么修辞掩饰的……相比辩证法,她更擅长微量元素知识。躺在病床上的我对她说,既然是同一回事,我还是更喜欢黄油……唉!事态变得很糟。她说不管我肥胖了——其实我刚刚减掉了七公斤——不管我高血脂了,也不管我马上就要死了,卷起她的错菜式所需的错酱料的错方子,把我丢在急救护理科泡着。

在医疗中心进行饮食调理和重新适应之后,我不久便回到正常的生活……也就是说回到了正常的烹饪。为了给那位异常狡诈的营养师准备一道用我的方式烹制的菜肴,我突然想到,要有通达快乐的饮食知识,所有菜谱加起来都不嫌多。必须给那个"蛮横的宪兵"上一堂享乐主义的课。这就是本书存在的理由。嗯,本书不向宪兵致敬……

一

杂食者的盛宴

爱放屁、好手淫和食人肉的第欧根尼设宴请客,座上宾个个极具象征性:卢梭,他是食草的偏执狂,一味颂扬平民口味;康德,他不苟言笑,有疑心病,总琢磨如何调和酒精中毒和伦理;尼采,他敌视日耳曼,创造了皮埃蒙特菜,要净化普鲁士饮食;傅立叶,他满脸阴霾,欲想成为营养战争学里的克劳塞维茨;萨特,他思考黏稠物,用致幻剂仙人掌毒碱烹制龙虾;还有马里内蒂,这位实验美食家推荐的风味最是出人意料①。

---

① 这些内容在以下章节将得以论述。

从犬儒的饮食虚无主义到烹饪的未来主义革命,其间有各种路径:连接关注饮食学的人。我们在此大胆使用饮食(伦理)学这个新词。客人面前的餐桌上:一只生章鱼和些许生人肉、奶制品和变成酸菜的奇怪李子干,一串香肠和一盘古龙水咖啡煮香肠、罐头肉酱、鱼肉香菇饼和开膛破肚的甲壳动物。戒酒的人喝水,享乐的人喝酒。康德有梅多克葡萄酒和钟爱的鳕鱼,卢梭有清冽的甘泉、凝乳和新鲜水果。

宴会的缺席者当然在别处,他们关注点好的菜肴,或者青睐的食物:笛卡尔过于沉默,这个会剑术的自由思想者,不但爱享乐而且有匪气。待在巴黎的时候,他不介意到小酒馆喝桶装葡萄酒,因为这产自普瓦西葡萄园的酒只是宫廷普通饮品,他也不介意蒙马特高地最乏细腻口感的饮料①。要对笛卡尔了解一二,只能根据严肃至极的传记作家巴耶说的话。《方法论》作者更真实的传记里似乎更多地充斥着女人、酒和决斗。斯宾诺莎也沉默不语,他的生活就像自己的作品。当然,生活像作品,这十分常见。斯宾诺莎

---

① 迪米提·达维汤戈(Dimitri Davidenko),《丑闻笛卡尔》(*Descartes le scandaleux*),罗贝尔·拉封出版社(Robert Lafont),第52页。

像规则的建筑、无奇的机器、和谐的形式,科勒鲁斯说:"他曾经一整天只喝一杯加黄油的牛奶(……)和一罐啤酒(……);有一天,他只吃拌着葡萄和黄油的粗燕麦糊①。"临终前的几个小时,这位荷兰智者喝了别人为他做的老公鸡汤。斯宾诺莎的口味看来十分朴素:从朴实的《伦理学》及其严谨的论证,推断不出这位新卡冈都亚②的饮食。

在两道菜的间隙,黑格尔带着他的波尔多葡萄酒出现了。他手上拿着一封要寄给拉曼兄弟的信,信上说:"我诚挚地请求你们再给我发送一桶③酒,这一次要梅多克葡萄酒,你们应该已经收到了买桶的钱,请你们用好桶,上次的酒桶顶部腐烂,结果撒出了些酒④。"黑格尔的作品是漂亮的人工机械,可依旧令人惋惜,因为关键的东西不在:眼泪、欢笑、美酒、女人、食物、快感。让我们梦求

---

① 让·科勒瑞斯(Jean Colerus),《斯宾诺莎的一生》(«La vie de B. de Spinoza»),斯宾诺莎的《全集》(*Œuvres complètes*),七星文库,第1319页。

② 卡冈都亚是拉伯雷笔下的巨大,不但知识量惊人,而且食量也很大。——译注

③ 当时的计量单位,1桶约合70升。——译注

④ 黑格尔,《黑格尔书信集》(*Correspondance générale*),第一卷,《黑格尔致拉曼兄弟的信》,耶拿,1801年8月8日,伽利玛出版社(Gallimard),第65页。

一种饮食现象学吧……

黑格尔身后几步远的地方,跟着吝啬的维克多·库赞。他吐露说,那天在德国餐馆里,看到端上餐桌的一大盆蔬菜上面点缀着一张薄得可笑的肉片,精髓寥寥无几,他顿时明白了康德的《纯粹理性批判》。这位法国哲学的小伍长,多年的单身汉,吝啬起来举世无双,蹭饭的习惯难改,只嗜好巧克力,宁愿为此受天罚。这下可以理解,邀请康德的译者巴尔尼共进午餐时,他是怎么省的钱。点上丰盛的饭菜,享用完毕后,他借口临时有急事,脚底一抹油开溜了,把账单丢给落单的译者……

清教徒蒲鲁东是厌恶女人的军国主义者,读到他谴责傅立叶式的饮食学被弄成庸俗的"口舌哲学",有什么奇怪呢? 弗洛伊德是个聋子,或者说他厌恶音乐,抵触音乐,发现他在家里制定千篇一律的饮食仪式,餐桌上每天都放一盆炖菜,变换的只是蘸菜的酱汁,有什么好奇怪的呢[①]?

[①] 丽迪娅·弗莱姆(Lydia Flem),《弗洛伊德别传:弗洛伊德和他的病人们的日常生活》(*la vie quotidienne de Freud et de ses patients*),阿歇特出版社(Hachette)。请注意阅读第 238—240 页,其中讲到弗洛伊德及葡萄酒、野浆果、洋蓟、芦笋和玉米粒。

从抵制美食这方面来看,还是有助于我们了解弗洛伊德其性格、其作品和其人的。拒绝食物以及食物带来的快感,不论采用何种形式,都跟苦行禁欲有亲缘关系。拒绝是放弃的表兄弟,拒绝是对各种厌食症的看似理性的管理。各种厌食症即医嘱节食者、素食主张者和纯素食者的逻辑就是拒绝。

因不遵循营养惯例,有人犯了罪过:神人萨德侯爵让饮食屈从于性活动,极力推崇鸡肉的他弄出这样一个理论:找最肥的粪给最饿的食粪虫吃①。还有一位叫安娜-玛丽·舒曼的女人,历史记住她的名字,就因为她嗜好吃蜘蛛,而且十分矫情地说偏爱油炸蜘蛛②。在这方面,她是克劳德·列维-斯特劳斯的桌上客的远亲。列维-斯特劳斯在庆祝宴席上用的是皇室大礼,一碗白皙皙活生生的幼虫,咬在齿间,清脆弹牙,最后逸散的滋味很是细腻,香气美妙③。

---

① 诺埃勒·莎特莱(Noëlle Chatelet),色里西研讨会上关于萨德的报告。参见研讨会论文集。
② 安德烈·卡斯特洛(André Castelot),《餐桌上的历史》(*l'Histoire à table*),普隆-佩兰出版社(Plon-Perrin),第42页。
③ 列维-斯特劳斯,《忧郁的热带》(*Tristes Tropiques*),普隆出版社(Plon)。

几位诺斯替主义者也渴望稀有的食物。必须谈谈这些食精者以及他们餐桌上的兄弟食胎者,他们都对怪食物有癖好。公元五世纪的柏菲主教伊彼芬尼亚说,为了处置别人肚子里不要的孩子,诺斯替主义者用手指头抠出胎儿,"用一种研钵捣碎,拌上蜂蜜、花椒和其他佐料,再加香油①"。然后,他们共同用餐,用手指进食。人类学家皮埃尔·克拉斯特尔造访过诺斯替教徒的远亲瓜亚奇部落的印第安人,说他们烧烤死人的尸体,吸食留在刷子上的人油,津津有味,十分享受②。

有些人没有失去味觉,但也没有什么创意。随想一下吧,他们本来可以改变12月25日的仪式,让人们不再庆祝伯利恒的弥赛亚诞生,而更应该欢庆聚会:1709年的圣诞夜,在法国的圣马洛诞生了哲学家朱利安·奥夫鲁瓦·德·拉梅特里。他后来当过医生,写了一篇论性病的文章,还是令人捧卷难释的《享乐的艺术》的作者。他

---

① 雅克·拉卡亚尔(Jacques Lacarrière),《诺斯替主义者》(les Gnostiques),伽利玛出版社,"思想"丛书(Idées),第105页。
② 皮埃尔·克拉斯特尔(Pierre Clastres),《印第安人瓜亚奇部落编年史》(Chronique des Indiens Guayaki),普隆出版社,第327页。

在书中传授最激进的幸福主义。餐桌上惹人注意的是跟拉梅特里趣味相投的哲学家,他们风神俊逸,仪态讲究,沉溺于纯粹享乐。用餐时,"臃肿的贪吃者,第一道菜之后就喘不过气,像拉封丹的天鹅,很快就没有胃口。仪态讲究的那个人品尝所有的菜,但每道菜只吃一点,他留着心,要享受一切(……)。别人打开香槟,他细斟慢酌,欲仙欲死[1]"。在英国士绅泰可尼的餐桌上,也可以找到一贯爱好美食的哲学家拉梅特里,他桌上的菜肴是肉酱。在作品《人是机器》中,这位思想家说要提防没熟透的肉[2]。可在贵族的餐桌上,他并没有注意到吃的肉酱烹制时间太短。死亡如期而至。

另一个美食圣诞夜:1837年的圣诞夜。最早的美食专栏作家和饮食写作的奠基人格里莫·德·拉·雷尼耶,辞世了。他祖父是熟肉铺老板,1754年死于鹅肝酱引发的消化不良。后来,他自己也遭遇同样的惨剧,不

---

[1] 拉美特里(La Mettrie),《享乐的艺术》(*l'Art de jouir*),原始版,第56页。

[2] 拉美特里,《人是机器》(*l'Homme-Machine*),德诺埃尔-贡蒂埃出版社(Denoël-Gonthier),第100—101页和第137页。

过,他异于常人之处很是夺人眼球。出生时,手很吓人,既像爪子,又像钳子。他把长着蹼的手藏在白色的手套里,手套隐藏的复杂金属装置让他具有抓握能力。这位有着最具黑色幽默的祭司,有时把他的"手"放在炙热的炉子上,然后邀请现场观众上台做同样的动作……他还教唆别人组织哲学家的午餐,两周一次,而且是"半营养的"。这是一出仿效共济会各种仪式的辛辣混合剧:他要在十六个人面前喝十七杯咖啡,即总共十七人。午餐被戏剧化了,食物亦是幻想的。他一贯愤世嫉俗,借饮食来感受朋友的忠诚度,给朋友寄蝴蝶宣告自己已死,邀请他们出席自己的葬礼餐会。跟他交情不温不火的机会主义者早就被他这个怪人弄得手足失措,现在以为可以永远摆脱他了,因此没有赴宴。其他人还是动身了。在哀宴进行到一半的时候,格里莫突然现身,活生生地推翻虚假消息。然后,他上桌就座,跟忠实的朋友们继续进餐。他唯一干过的蠢事是写了本小册子,叫《美食胜女人》。名副其实的幸福论者都知道,美事和女人这两个语域没有竞争,只有互补。

12月25日本来有很多的理由让人感受这个节中之

节的神圣,但这节日变成了享受大餐的借口。纪念活动极少,就靠创造其他机会进行弥补。哲学的象征时刻于是变成实体:占据笛卡尔梦境的香瓜①、教傅立叶引力理论的苹果,或者让世人失去孔多塞的煎鸡蛋②……

饮食是严肃的异教模式,要不就是无神论和内在观的模式。一切超验被撵走,这利于自我意志成为真实的圭表,不再有求诸向外或向上的异化风险。因此,在异化以及异化一词隐含的各种阐释之外,路德维希·费尔巴哈说的这句名言也就不足为奇了,他说:"人就是他所吃之物。"在《哲学宣言》里,他写道:"遵从感官吧!感官开始的地方,就是宗教和哲学结束的地方③。"我们可以补充,是生活开始的地方。在别处,他言之凿凿,说"身体是理性的基础,是逻辑必要性的场所",还说"感官世界是理性或智慧的基础和条件④"。费尔巴哈是第一个无神论

---

① 《丑闻笛卡尔》(*Descartes le scandaleux*)第 105 页以及巴耶(Baillet)的著作。
② 伊丽莎白·巴丁特和罗伯特·巴丁特(Élisabeth et Robert Badinter),《孔多塞》(*Condorcet*)结尾部分。
③ 路德维希·费尔巴哈,《哲学宣言》(*Manifestes philosophiques*),10/18,第 301 页。
④ 费尔巴哈,《多元思想》(*Pensées diverses*),第 327 页和第 336 页。

理论家,是第一个谈论异化的谱系学家,他并不是空穴来风。在他的笔下,关于教徒、宗教及其各种形式的确定论述第一次出现了。神圣之物被瓦解、分析,像酱汁一样被浓缩。同样,是他或多或少地传承了法国的某种唯物主义传统和后来的是英国感官主义,发展出一种崭新的感官实证主义。一种现代性形成了,尼采将很快继承它。继承它的还有跟尼采一起的我们的世纪。饮食、食物成为生活艺术的唯物主义原则,这个生活中没有上帝,亦无诸神。

尼采的训令要求人关注身边的事物,将日常生活的碎片写成历史。可是,认为嘴巴是通向自我美学入口的嘴巴科学尚未真正诞生。即使应该考虑诺埃拉·莎特莱①、让-保尔·阿隆②或让-弗朗索瓦·赫维勒③采用的方法,那也别忘记当代思想界在此关键问题上的沉默失

---

① 诺埃勒·莎特莱(Noëlle Chatelet),《食材和身体》(le Corps à corps culinaire),瑟伊出版社(Seuil)。
② 让-保尔·阿隆(Jean-Paul Aron),《19世纪的食客》(le Mangeur du XIXe siècle),正午出版社(Médiations)。
③ 让-弗朗索瓦·赫维勒(Jean-François Revel),《话说古今美食》(Un festin en paroles),"口袋书"系列(Livre de poche)。

语。有一例外,就是最后那位米歇尔·福柯,他承受一种病痛,亦在作品里接受一种认识论的转向。他在《性史》结尾颂扬基本的逻辑:爱、快感、性、身体。论述社会机器排斥差异和制造规范之后,福柯投入最隐秘、最刺激的炼金术。最终,对关键问题的真正的尼采式思考浮现出来了。

在《快感的运用》中,作者描述的饮食可以被我们称作没有博物馆的艺术。饮食被解读成"为自由带来风格①"的方式,一种身体的逻辑,同时也是赞扬控制的颂词。选择什么食物,人真的就变成什么:经由生存选择,抵达自我建构。饮食谱系学隔离了医学的基本原则:健康是营养师的目标。在这个主题上,应该读希波克拉底的医学文章,然后再读盖仑(Galien)的作品。对健康的关注经历了变化,说明运动体有进步性自足。饮食方式成为"基本类型,以此可以思考人的行为;它显示出人的生存方式特点,并且可以为人的行为确定整体规则;这是

---

① 福柯,《快感的运用》(*l'Usage des plaisirs*),伽利玛出版社,第111页。

将行为命题化的方式,要根据必须保护而且应该遵循的天性。饮食完全是一种生活的艺术①"。饮食是人存在的方式,也是梦想身体、幻想将来,以及将食物和真实联系到未来性里面的方式。没有无缘无故的饮食。通过饮食,可以了解当下及未来的意志,了解一种生活、一种思想、一种系统和一件作品的原型。因此,在哲学的历史里,穿过各种学说和著作,用更加迂回和更不寻常的方式进入思想,是有意义的。食物像阿丽亚娜的绳子,可以让人不再原地干等,也不会走失在迷宫里。

吃的艺术,是总结一切的艺术。福柯写道:"把饮食作为生活的艺术来实践,完全是(……)将自己建构成主体的方式。主体对身体的考虑是正当、必要且充分的②。"道德和美学难分你我,于是,饮食学成了主体性的科学。饮食学向我们揭示,可以有一门关于个体的科学,可以像登岸跳板那样,让我们通向普世性。食物像钻进真实的论据。说到底,食物是把自我构筑成紧凑作品的

---

① 福柯,《快感的运用》,前揭,第115页。
② 同上,第123页。

途径。它准许独特性,允许自我建构,这些都嵌入了布里亚-萨瓦兰的脍炙人口的名言。在《味觉生理学》里,傅立叶的这位有魅力的姐夫写道:"告诉我你吃什么,我就说出你是谁①。"

让我们把理论放在这儿吧,因为在我们刚才扫过一眼的宴席上,叔本华和拉伯雷逃跑了。前者刚在随身携带的小本子上潦草划下了聚餐引发的美食评论②。后者手上拿着几个菜谱,其中一个写着羊鱼泡葡萄酒具有催情功效,还有他在医学文凭上记录的蒙彼利埃黄油菜谱……

---

① 布里亚-萨瓦兰(Brillat-Savarin),《味觉生理学》(*Physiologie du goût*),朱利亚尔出版社(Julliard),第23页。
② 迪迪埃·雷蒙(Didier Raymond),《叔本华》(*Schopenhauer*),瑟伊出版社,第37页。

二

第欧根尼,或章鱼的滋味

谈到第欧根尼,黑格尔错误地写道:"关于此人,除了轶事,没有别的。①"谈到犬儒者,他也错误地写道:"他们不配任何哲学思考。②"但是,相比表面的一本正经,俏皮话和挖苦总是具有更多的意义。犬儒哲学家具有说不的执拗意志,通过习惯撵走守旧思想。真正的哲学家被定义为"(其所处)时代的坏觉悟者③",犬儒者就是这类哲

---

① 黑格尔,《历史哲学》(*Leçons sur l'histoire de la philosophie*),弗林出版社(Vrin),第一卷,第371页。
② 同上,第378页。
③ 尼采,《善与恶的超越》(*Par-delà le bien et le mal*),10/18,第148页。

学家的象征面孔。相比黑格尔执念的理想主义,尼采的固定观念应该更令人喜欢,他认为,思想家首先必须是炸药,是"摧毁整个世界的可怕炸药①",这样之后,才能通向快乐的知识,通向令人愉悦和狂喜的学问。根据尼采的定义,犬儒主义是"地球上能企及的最高之物②",我们可以从容地探讨第欧根尼划出的地盘:其中的大胆放肆应看作具有全新的积极意义。

我们执拗的忧郁时代迎合一切可能的幻象。对于蒙昧主义歪路,第欧根尼的犬儒美学是一剂反毒药,是欲求清晰的意志。放言不羁,是要日常生活屈服于一种形式,即兴,却朴素且纯粹,摆脱文明与生俱来的糟粕和矫情。犬儒的欲望是破坏对理想的信心,理想也是幻象的原则:神圣、常规、习惯、消极。强烈的欲望有积极的企图,即体验自然生活是自我美学和健康的绝望教育学的可能性条件。第欧根尼,这位"愤怒的苏格拉底③",肯定接受了蒙

---

① 尼采,《瞧,那个人!》(*Ecce Homo*),伽利玛出版社,"思想"丛书,第89页。

② 同上,第67页。

③ 据柏拉图。第欧根尼,《名哲言行录》(*Vie, doctrines et sentences des philosophes illustres*),第六章,54。

田的邀请而去开创自己的生活,在蒙田看来,"我们伟大光荣的杰作,就是惬意地生活①"。

犬儒者内心深处活跃着欲望,他用美的方式解决生存的问题。他的意愿具有建筑学原理:纯粹快感和简单乐趣的外观下是生活的愉悦,而非屈服于千篇一律的日常生活给人带来的绝望。有人对第欧根尼说:"生活是一种痛苦",第欧根尼却回答道:"不,痛苦地生活才是痛苦②……"

抱酒桶的哲学家——其实酒罐一词更合适,因为酒桶是高卢人的发明——用食物进行教育。犬儒主义理论的穹顶石是确定自然秩序绝对高于一切。文明乃堕落之附属品:文明过滤积极的无辜,浓缩真实之上的腐败,真实变成极其丑陋的东西,四周围绕着禁忌、丑闻和变态。人造之物应该被驱逐。第欧根尼打算"回归到最初的野蛮状态",在营养学方面,这个意愿很明显:"在理论层面和日常实践中,犬儒者发展了一种真正的质疑,不仅对城

---

① 蒙田,《蒙田散文集》(*Essais*),第三章,13。
② 第欧根尼,《名哲言行录》,前揭,伽弥尔-弗拉马里翁出版社(Garnier-Flammarion),第27页。

邦,而且对社会和文明进行质疑。他们全面批评文明的状态。城邦在公元四世纪遭遇危机,批评突然出现了,其中的重要主张是回归野蛮状态。说难听点,这是诋毁城邦生活,是拒绝文明产生的物质财富;说好听点,这是努力要找回人类最初的简单生活,喝的是泉水,吃的是捡到的橡果或采摘的植物[①]。"犬儒者的拒绝是反对规范,反对传统:不论政治、风俗,还是社会事件,全都粉碎。在否定的美学中,食物是关键。

烹熟食物是公认的营养机制,第欧根尼却用最疯狂的饮食虚无主义来反对。他最反对用火,反对把普罗米修斯当作文明的象征。犬儒主义饮食学的首要原则是生吃食物。按照普鲁塔克的说法,犬儒者主张野蛮化,认为吃生肉就是摧毁建立在文明基础上的价值系统。马塞尔·德蒂安写道:"因普罗米修斯的牺牲,人类状况得以确定,人被迫使用烤肉架和火炉。如果吃生肉不是拒绝人类状况的方式,(……)那又是什么呢?"吃生肉的人"通

---

① 马塞尔·德蒂安(Marcel Détienne),《被处死的狄俄尼索斯》(*Dionysos mis à mort*),伽利玛出版社,第153页。

过低级和兽性的层次,行为举止像野兽(……)以逃避政治宗教环境(……)"①。

第欧根尼的犯神渎圣,甚至走到了极端:在别人消费熟食的地方,他消费血和滴着血的生肉。让-皮埃尔·韦尔南从中看到他意图"摧毁主流人类学榜样(……)。拒绝熟肉,就是拒绝烹肉所需要的火,也反对火带来的文明②"。犬儒的榜样是野兽,是动物。第欧根尼的轶事多次证明他向动物学习的意愿:向狗学习,这是当然的,但还有马、狮子、老鼠、鱼、鸟,或者放养的动物。如果泰奥弗拉斯托斯(Théophraste)说的轶事真实发生过,那么看到化身为智者的老鼠到处乱串时,第欧根尼可能决定要苦行,放弃文明轻易带来的快感。

在这样的拟态构想里,第欧根尼并不满足于带血的肉。他写道:"他不觉得像异族人那样吃人肉有多么丑

---

① 马塞尔·德蒂安,《烹饪实践和祭祀精神》(«Pratiques culinaires et esprit de sacrifice»),韦尔南和德蒂安的合辑《希腊的祭祀烹饪》(la Cuisine du sacrifice en pays grec),伽利玛出版社,第 16 页。

② 韦尔南,《人类的餐桌:从郝西奥德的作品看祭祀创立之谜》(«A la table des hommes. Mythe de fondation du sacrifice chez Hésiode»),前揭,第 64 页。

恶,说万物在万物之中,处处如此。这是完全有理由的。面包里有人肉,草里有面包;人的身体,还有诸多别的身体,通过隐蔽的渠道进入所有人的身体,一道烟消云散①。"这样可以确定人和动物有相似性或亲缘性,但动物并非随便哪一种,而是最凶残、最野蛮的食肉动物,比如狼。柏拉图就认为狼有吃同类的特性:"尝过跟其他祭品混在一起的人类内脏,就要注定变成狼了②。"没有比人肉更有危害性的了……第欧根尼这样做,他知道自己在做什么:他不再做人,他要建立他的兽性。同时,他将末日酵母引入文明,这个文明只容忍仪式之下的食人,或者作为解决食物匮乏的唯一办法的食人。除了第欧根尼,没有人认为食人是有意识的、内在的行为。如果食人具有神奇的、宗教的性质,属于仪式犯罪,那此时,它就被宽恕、鼓励和支持,并且被融进各种形式的社会:部落战争后,食人可以是复仇的满足;鞑靼向被骗往耶路撒冷的十字军主张权利时,食人可以是法律惩罚;为了绕过营养

---

① 第欧根尼,《名哲言行录》,前揭,第33页。
② 柏拉图,《理想国》,第八章565 d、566 a,第九章571 d及第十章619 c。

不足的必然,食人可以是解决办法。但从社会虚无主义的观点看,第欧根尼吃同类似乎是独一无二的意志,前无古人,后无来者。

第欧根尼式的嗜血并不排斥素食实践。第欧根尼·拉尔修记载了哲学家关于人肉的论述。他是否真克服了恶心,我们不得而知。即便吃过人肉,这经历也未变成习惯。更应该说,吃人肉是希腊城邦的偶发事件。从所有流传至今的轶事来看,第欧根尼喜欢橄榄和野浆果,而非人的后腿。

犬儒主义颂扬简单的生活,在希腊的阳光下这不难做到。第欧根尼多次露宿野外,平静地采摘无花果、野果,挖根茎,喝新鲜的泉水,他嘴角常常闪烁晶莹的水珠,而非吓人的血水。

第欧根尼的食物来源很简单,自然提供了充足的产物,靠采摘即可过活。因此,他否定这样的进化,即从觅食到计划,从游荡到定居,从游牧到定居。第欧根尼置身文明,置身人类居所被建造之前,即漂泊者的行走自由被禁止之前。靠采摘果腹,是注定想象,是随遇而安,是拒绝安全。犬儒者说:"但愿我能够选择最容易找到的东西作为食物①。"应该把自己的需要限制在自然的需要之中。狄翁·克利若斯托姆记录道:"第欧根尼嘲笑那些口渴的人,他们经过泉水的时候,竟不停下脚步,而是想方设法去买祺奥或莱斯伯葡萄酒。他说,他们是比牧场的畜生更理智得多,但畜生要是口渴,经过泉水或清澈的小溪时,从来不会不停下来,肚子饿了,不会看不上嫩叶,也不会看不上能充饥的草②。"人就要这样过健康的生活,此为长寿的自由条件。

抛弃无用和奢华,尘世的幸福生活是可能的。满足自然和必需的欲望——伊壁鸠鲁学派的命令——能导向天真的狂喜、存在的快乐。人实际上是不幸的,因为人"寻求蜜糕、香水之类的精致之物③"。简单是饮食的另一个必需。水是犬儒主义禁欲者的象征。简单建立食物的真实。他确定地说:"我有足够的食物,有苹果、小米、大麦和最便宜的野豌豆,用火烤熟的橡果和茱萸树果实

---

① 琉善,《犬儒者》,15。
② 狄翁·克利若斯托姆(Dion Chrysostome),《演说》,第六章,13。
③ 第欧根尼,《名哲言行录》,第六章,44。

(……),这些食物可让兽类,甚至让那些食量最小的动物生存下来①。"

在写给弟子摩尼姆的一封信里,第欧根尼讲述他从老师安提斯梯尼(Antisthène)那里学到的东西:"我们喝东西用的杯子用很薄的黏土烧制,一点都不贵,可以装泉水喝,可以装面包吃,还可以装盐或者水田芹等调料。就是在安提斯梯尼教育我的时候,我学会的吃与喝。吃的食物并不卑贱,却比别的食物更好,在通往幸福的路上更容易找到。"他践行苦行和哲学的生活,多年之后做出结论:"吃喝的时候,我在食物中看到的不再是苦行,而是快乐"②。

犬儒主义饮食提倡净化进食方式,也要求简化进食仪式。反对讲究规矩的宴席,反对在专用厅室里集中嘴巴活动:以为把行为遮掩起来,便可以满足欲望和获取快感,这样的偏见受到第欧根尼的攻击。犬儒者反对隐藏和封闭肉体,开创揭示和暴露肉体的策略。犬儒主义的

---

① 狄翁·克利若斯托姆,《演说》,第六章,62。
② 第欧根尼,《致摩尼姆的信》(Lettre à Monime),第三十七章,46。

教育特点再次被激进意志所强化。在这样的思路下,第欧根尼后来在公共场所手淫起来毫不犹豫,他反驳那些感到受冒犯的人:"摩擦肚皮便可解饿,老天爷也乐见①。"他不反感公共场合的交媾,认为这样一件简单和自然的事当然可以让所有人看见和知晓。自慰、交媾都可以,进食为什么不可以?他大大方方地将进食地点从受限空间挪到公共广场②。那些习惯把进餐当作禁忌仪式的模范公民,他们眼里尽是愤慨。

如果死亡达不到存在的高度,那就没有任何存在能达到美。第欧根尼的死并非跟食物没有关系。传统说法为第欧根尼的辞世给出了几个方式。一种看法认为,他故意憋气结束自己的生命,或者说,他用了控制力;另一种看法认为,他跟一只狗抢生章鱼,生气的狗将他咬死了,或者说,这是讽刺"狗"之间的争斗;最后一种看法认为,他制服了狗,却在进食战利品的时候死于消化不良,或者说,他违反饮食规则而受到惩罚。这些方式都让大

---

① 第欧根尼,《名哲言行录》,前揭,第23页。
② 同上,第六章,61。

师的犬儒实践有了一贯性。普鲁塔克这样转述事实:"第欧根尼敢吃生章鱼,拒绝用火烹制的肉。很多人围着他,他裹着袍子,把生肉送向嘴边,说道:'我是为了你们才拿命冒险,才承当这个危险'①。"

在死前不久,他要求别人在他死后把他的尸体抛到外面,不要葬礼,让自己成为野兽的食物,或者把他随便丢进哪个坑里,在他身上盖一点尘土②。野狗、秃鹰、阳光和雨水构成的葬礼似乎是结束犬儒者苦行生活的合理方式。想想安提戈涅是多么执意要避免兄弟的尸体成为"猛禽的口中美食③",想想没有经历葬礼的尸体是多么的恐怖,就能知道哲学家违背常理之心有多真切。实际上,通过这样的最后回归,第欧根尼希望他的身体能被某个幸运的动物伙伴消化吸收,以便参与自然循环,以便融

---

① 普鲁塔克,《希腊罗马名人传》(*De esu carnium*),第一卷,第六章,995。

② 雷昂斯·帕凯(Léonce Paquet),《希腊犬儒者》(*les Cyniques grecs*),渥太华大学出版社,第 94 页。参阅玛丽-奥迪勒·古莱-卡兹的精彩分析,《犬儒的苦行,评第欧根尼·拉尔修》(*l'Ascèse cynique. Un commentaire de Diogène Laërce*),第六章,70—71,弗林出版社。

③ 索福克勒斯,《安提戈涅》,前言,伽弥尔-弗拉马里翁出版社,第 70 页。

入自然元素。第欧根尼从生吃动物的人,变成了被动物生吃的人。他是动物的一员。因此,他忠于原则。直到死亡,他总是把生肉当作食物,把食物当作生肉。永恒的辩证问题只有这个:吃、生/死、被吃。摄取和消化,这对"魔鬼"组合证明了事物在饮食标记下的永恒轮回。食物则成为了循环的论据。

第欧根尼关注将美和德融为一体,将自己的存在变为纯粹意志的作品。他创立一种使用自我的逻辑,嘴是真相和感官的入口,不理会任何饮食操作都要求的不出声响。食物获得象征地位,融入犬儒主义和虚无主义事业。琉善笔下的第欧根尼这样说道:"我们的思想方式(……)是贬责他人",后来还说:"我只做我喜欢的事,我只跟我看得顺眼的人交往"[1]。所以,在看到哲学家从出口走进剧院,或在柱廊下倒步闲逛,不应该感到惊讶。他对反对者说:"我此生尽力做跟所有人相反的事[2]。"

嗜好生肉和血的刺激味道、自称食人者、提倡简单生

---

[1] 琉善,《犬儒者》,前揭,18。
[2] 第欧根尼,《名哲言行录》,前揭,第30页。

活,以及在古雅典集会广场公开进食,这一切证明了虚无主义的强大意志。这是苦行意志认为的消极,却是犬儒逻辑赞同的积极。在这样的观点里,食物的作用在于反映自然的诉求,提供内在的论点:食物表达对人为世界的拒绝,同时欲求另一个世界,即简单的世界。第欧根尼和他的章鱼告诉世人,从来不存在无缘无故的饮食。

三

卢梭,或奶酪

参考文献出自七星文库的《卢梭全集》,贝尔纳·格涅宾和马塞尔·雷蒙编辑。其中引文来自:第一卷:《忏悔录》(Confessions);第二卷:《新爱洛伊丝》(la Nouvelle Héloïse);第三卷:《论科学与艺术》(Discours sur les sciences et les arts)、《论人类不平等的起源》(Discours sur l'origine de l'inégalité parmi les hommes);第四卷:《爱弥儿》(Émile)。《论语言的起源》(L'Essai sur l'origine des langues)引自"字匠的藏书"系列版本。

如果要找摒弃美食的典型人物,那么很容易找出让-雅克·卢梭。同样,如果要找既无理性,又无感性的人,日内瓦公民卢梭就是这样的人。他的肉体在乎食物,是因为食物仍然是维系生命的唯一方式。卢梭肯定对食物不屑一顾,但也不十分厌恶。

我们知道,这位哲人偏执地批评现代性,批评他的时代,相应地,他喜爱毫不神秘的自然人类。《论科学和艺术》是最名副其实的蒙昧主义代表作:批评商业、风俗、奢侈、智力活动、哲学,还批评所有跟文化沾边的东西。卢梭抨击印刷术,把话说得再明白不过了,说印刷术是"让人类的荒诞思想得以永恒保留的技术①",他还鞭挞"(印刷术)已经给欧洲造成可怕的混乱②"。

卢梭一贯狂热攻击哲学,哲学是"人类的傲慢哺育出的虚幻偶像",他将哲学置于堕落谱系的穹顶,"对蠢话的喜好渐渐扩散到整个民族,民族将失去对坚实道德的喜好③"。在哲学家看来,真的面孔一目了然:耕作者的面孔,劳动者的面孔④。卢梭反对他所处的时代,提出反动模式,这是因为他的灵感来自过去:原始的朴素,在腐蚀一切的文明之前的朴素。道德在于简单、手工、贫穷和无知,"每个民族的美好时代、道德时代,正是这个民族的无知时代⑤"。

"用农业反对文化",这个观点将得到发展。卢梭的论述十分精辟,很快就有他的惊世断言。因为卢梭,有关感受的思想成形了:艺术进步跟城邦堕落成正比。废除无用之物,实现必需之物:用斯巴达反对雅典。为了将景

---

① 《卢梭全集》第三卷,第27—28页。
② 同上。
③ 第三卷,第73页。
④ 第三卷,第27页和第41页。
⑤ 第三卷,第76页。

象填充完整,卢梭写出所有时代最愚蠢的警句:"人的自然属性是善良①",对此,他不得不接着说,自然的原则是多产、富饶和真实。

这样的哲学家若批评美食,读者会感到奇怪吗?肯定不会。他的作品从头到尾都可以证明,他根本没有力量对待任何快乐的知识,包括美食。他带着斯巴达式的狂热去赞颂植物根茎。蔬菜炖肉成了堕落的典型菜。思想家毫无顾忌地偏好拉斯巴达战士:粗野是好战者的首要品质。

卢梭的简要论点后来持续缓慢地扩散,即"自然要(我们)抵御科学②",在某种意义上,最初的简单是味道科学的反命题,是美食的反命题。卢梭发展斯巴达式的食物理论,而这样的理论在尼采看来,更应是社会主义的或基督教的。

社会主义美食家卢梭如此热衷民粹主义,以致让人以为读到了关于食物的百姓论点。城市和有产者的奢侈

---

① 第三卷,第 80 页。
② 第三卷,第 15 页。

是农村和农民之所以贫穷的原因:"我们的烹饪需要汤汁,所以那么多病人就缺少了羹;我们的餐桌需要烧酒,所以农民就只能喝水;我们的假发需要粉,所以那么多穷人就没有面包吃①。"奢侈是致贫的工具,若除却伏尔泰,这就是"启蒙时代"的固定观念。

《论科学和艺术》的典型原则在于"超出肉体之必需的一切皆是罪恶的源泉②"。这句格言对饮食及其他都有效。尼采或许乐坏了:这就是犹太-基督教式的,由新生社会主义接棒的遁世准则。吃是生存的必需,而不是享乐的必需。要阐释它们的共同之处,就要考虑:"吃是为了活着,活着不是为了吃。"贪吃是罪,小心!

文明使了我们身上的自然之处窒息:发现简朴,弄懂自然的生活存在于哪些方面,以及什么是健康的饮食,这些都不是容易的事。在自然状态这一假设下,人的进食方式是正确的,因为人相信自己的直觉,而这个直觉不会

---

① 第三卷,第79页。
② 第三卷,第95页。

错。在神话时代,"大地的物产为人提供所有必需之物,本能促使人对其加以利用①"。人的首要考虑是保全自己。

但人类进化还是发生了。卢梭孤立看待人类的变化、行为的改变、人类四肢以及食物的新用途②。大自然虽然多产而且慷慨,但也可以变得刻薄,而且不可接近,这又是为什么呢?"树长得高大,阻碍人够及树上的果实,人在觅食中必须跟其他动物竞争③",再者,各种麻烦使人类不得不去适应,因此诞生灵敏、强壮和坚毅的品质。

进化,悲剧般地导致不可救药的文明,但何为进化的动力,哲学家缄默不语,他只描述朝精细方向运动的唯物性质。季节严酷、气候不均、地质地理制约激发了人的创举:在水边生活的人类发明鱼钩和捕鱼技术,成为江河、湖泊和大海的主人和占有者,"成为以食鱼为生的渔夫。在森林地带,他们制作弓箭,成为猎人和武士。(……)雷

---

① 第三卷,第164页。
② 第三卷,第134页。
③ 第三卷,第165页。

电、火山或某次偶然机会让他们认识了火。(……)他们学会了保存这个元素,后来学会生火,最后用火来烤熟以往生吞活剥的肉①"。我们要记住,吃生食是自然事实,而吃熟食是文明事实。卢梭忽略这点,是为了论述的需要。毫无疑问,在这位瑞士思想家看来,从饮食可以读出进化:从采摘到捕鱼再到狩猎,从生食到熟食,从浆果到生鱼生肉再到烹熟的食物。饮食方式的更迭,使人的行为也随之改变。这是反映真实世界的饮食谱系。

自然既然如此完美且善良,那为什么又被迫向缺陷和邪恶演化呢?这个问题,卢梭一直无言以对,而只描绘他假设的文明起源。游牧让位给定居,家庭替代孤独的个人。群体诞生,随之出现新的饮食方式。男人成为寻觅食物的工具,女人待在家里照看孩子,加工食物。在原始劳动分工中,雄性可以坚持偶尔的游牧生活,而雌性只能过绝对的定居生活。情感得以进化,言语得以出现,主体之间的合理组织处在萌芽状态。但不平等即将发生。冶金术和农业出现后,悲惨的转折发生了。最早锻制的

---

① 第三卷,第165页,前揭。

工具让人可以在居所周围种植"食叶或食根蔬菜"。

对于真实世界的卢梭或经济学而言,食物扮有不可忽视的角色。食物是生活必需品,而跟食物相关的土地耕作活动,则属于等级制度。有些人在这里制造工具,另一些人在那里使用工具生产让人生存的食物,还有些人能够产出过剩的食物。对食物过剩的欲求创造了不平等。获取丰富食物的意愿,是使历史解体的酵母。害怕营养缺乏是体现消极的原则。匮乏经济不会提出这类问题。短缺的必然结果是作为补偿的生产过剩,而要管理生产过剩,就有储存的需要,从此便有了物权。

饥饿因此是真实世界的动因:饥饿使动物相互争斗和撕咬,饥饿使人最初的完美生存变得复杂。从采摘野果到圈地种菜,再到储藏多余的产品,其中能看出从游荡生活通向扎根定居的完整途径。游荡生活所需的食物简单、健康、天然,倾向于纯真;定居生活所需的食物复杂、人造、不健康,滑向没有意义的精细。卢梭不停对立这两种逻辑,希望原初的食物能得以复兴,这就是他激烈批评美食的用意所在。美食学是多余、无用和奢侈之科学,美食是说明口味堕落变质的论据。他甚至写道:"只有法国人不懂吃,因为法国人需要那么一种特殊技术,才能让人咽下餐盘里的菜①。"可是,卢梭说的懂吃是什么意思呢?

答案很简单:懂吃,就是消费简单和乡土,就是只接受需要最小程度烹制或不需要任何烹制的食物。卢梭为了阐明自己所说的,对比了金融家和农民的餐桌。乡下人的饭菜,"灰褐色的面包……来自乡下的土地,面包是这个乡下人自己做的,他的酒颜色浓黑,口感粗糙,但解渴又健康,产于自家的葡萄园②"。食物正不正宗,要看从产地到餐桌之间省去的交易环节。从生产者直接到消费者,这是唯一容许的操作。有钱人的膳食是什么样子,我们不得而知,但可以根据家庭教师向他的理想学生爱弥儿提的问题想象一番。有天早晨,家庭教师问:"今天我们去哪里吃晚餐? 有个地方,餐桌的四分之三被银器堆成的小山占据,甜点摆在纸花台的镜面小碟上,我们去那里吗? 穿得像篮子的女人会把你当作玩偶,要你谈论你不知晓的东西,跟她们一起吗? 要不,离我们两里的地

---

① 第四卷(《爱弥儿》),第409页。
② 第四卷,第464页。

方有个村子,有善良的人们,他们会开心地接待我们,给我们很好的奶油,去不去他们那里呢?"爱弥儿选择了极好的东西,"细腻的炖肉,他不喜欢(……),他非常喜欢的是好水果、好蔬菜、好奶油,还有好的人①"。我们从菜单上只知道,富人菜肴的不同之处尤其在于需要花尽心思,在于烹制和搭配。富人菜肴本身的价值不如其体现的精益求精与搭配和谐。

伏尔泰邀请笔友来看望自己,跟他们共同品尝"费尔奈松露火鸡,火鸡嫩得像乳鸽,肥得像日内瓦大主教",还有炖山鸠、奶油鳟鱼和美酒②,可卢梭却大呼奶制品、水果和蔬菜的好处。至于用餐场地,卢梭选择乡间,尽享野餐乐趣。理想办法是把简单的饭菜安排在"淌着活水的泉边,绿意盎然的草地上,桤树和榛树的树荫下(……);草地作为桌椅,泉边当作冷餐地点,甜点挂在树枝上③"。某种意义上说,这就是伊甸园,这里不再有进餐的必需品:餐桌、椅子和其他餐具。

---

① 第四卷,第 464—465 页。
② 伏尔泰,《书信集》,七星文库。
③ 《卢梭全集》,第四卷,第 687 页。

至于食客和服务员,卢梭限制繁琐的礼仪,"人人为我,我为人人",邀请扛着农具路过的农夫加入活动。这下是社群伊甸园。哲学家不拒绝参加邻居的婚礼:"人们会知道我喜欢快乐,我将获得他们的邀请①。"在宴席上常常演唱的美妙歌曲将使宾客欢乐无比……

卢梭在灵魂里是平民百姓,他的《忏悔录》写道:"我没有见过(……)比农家菜更美味的了。奶制品、鸡蛋、青菜、奶酪、粗面包加上凑合的葡萄酒,我肯定能美餐一顿。"他更具体明确写地道:"我的梨子、皮埃蒙特奶酪、法国奶酪、香脆面包,还有几杯蒙费朗葡萄酒,尽管酒质粗劣,要分几口才能咽下肚,但这些让我成为最幸福的食客②。"

卢梭是警醒的营养师,想把食物当作介质,要人反省自身欲望,他知道,一种饮食造就一种人。在《新爱洛伊丝》里,他写道:"我认为,从食物喜好里总能找到人的某些性格。意大利人吃很多的蔬菜,他们有点娘娘腔,而你

---

① 第四卷,第688页。
② 第一卷,第72页。

们这些英国人,吃那么多的肉,你们的强硬性格里有某种僵硬的东西,某种属于野蛮人的东西。瑞士人天生冷静、平和且单纯,但也暴力和易怒,他们喜欢蔬菜,也喜欢肉类、乳品和葡萄酒。法国人灵活多变,各种食物都来者不拒,他们什么性格都有①。"人就是他所吃之物,此观点在《忏悔录》里也能找到。卢梭在饮食多样性里看到导致人类多样性的原因。哲学家想管理真实的世界,想创造"一种随外部情况而变化的饮食方法,使灵魂保持在最利于道德的状态②。"他推崇的有效领域有:气候、季节、声音、色彩、噪音、元素、黑暗、光明、响声、静寂、运动、休息,当然,还有食物。这是尼采后来所说的利己主义决疑论,因为"一切皆对我们的身体机器起作用,因此,也对我们的灵魂起作用③。"

以上就是卢梭提倡的食物教育学。《爱弥儿》是理论场所,饮食技巧在其中得以制定,同时邀请所有人摆脱堕落文明的糟粕,进入一个健康的全新社会。他先前决定

---

① 第二卷,第453页。
② 第一卷,第409页。
③ 同上。

把自己的五个孩子送入公共救助机构,因此没能亲自实践这种教育法,可他一直想使之理论化,于是开始提倡用生母或其他女人的乳汁喂养婴孩,但这个女人必须是健康的。乳汁是极好的食物。需要提醒乳汁的象征意义吗?当然不用了……

大自然为孩子提供所需,而且在"每个物种的雌性里,大自然根据吮乳者的年龄而改变乳汁的浓度①"。奶妈的饮食也得是健康的:最好是农妇,因为她"比城里女人吃的肉更少,吃的蔬菜更多,吃素对她自己和孩子其实更有好处。当奶妈要给城里的资产阶级家庭的婴孩喂奶时,别人让她吃蔬菜炖肉,坚信蔬菜和肉汤更能催乳。卢梭写道:"我一点也不赞同这种想法,我的经验可以告诉大家,这样喂养的孩子更容易拉肚子、长蛔虫②。"为了论证自己的观点,作者明确指出,肉类更易腐烂,而蔬菜则相反,"乳汁虽然产自动物,但属于素的物质;乳汁的成分分析可以证明③"。哲学家给出了化学家的论据。食草

---

① 第四卷,第273页。
② 第四卷,第274—275页。
③ 第四卷,第275页。

雌性动物的乳汁具有食肉雌性动物的乳汁所没有的品质:温和、健康和营养。在歌颂"奶路"时,卢梭盛赞凝乳的好处。他的依据是游记,那些游记说完全靠吃奶制品长大的民族如何生活。在胃里,奶最终凝固了。卢梭一直在科学家那里寻找证据,他写道,凝乳所需的凝乳素是来自消化肌的物质。证据找到了。奶是一种食物,甚至是最简单最天然的食物。卢梭找不到更好的食物,其他的都是替代品。

日内瓦公民特别喜欢含奶的食物。他将汝拉地区产的奶制品用作下午的"美味点心":"奶糖、蜡糖、蜂蜡糕和牛轧糖①",还有两盘奶油。哲学家评论道:"奶制品和糖,是性的自然味道,象征纯真与温和,是性的最可爱点缀②。"他在别处写到朱莉的时候,说她"用餐时,既性感又贪吃,她不喜欢肉,不喜欢炖菜,也不喜欢盐,她从来不喝纯葡萄酒。品质极佳的蔬菜、蛋、奶油、水果,这些就是她平常的食物③"。女人比男人更接近自然,所以更接近

---

① 第二卷,第452页。
② 第四卷,第452页。
③ 第二卷,第453页。

真实,女人保留着更健康的品味,保留着更不为文明所腐蚀的口味。厌女者卢梭说出这些话,扇自己耳光了吧……

健康的口味,是简单的口味,是女人的口味,而不是男人的口味。它的对立面是强烈厚重的味道,如果从重口味得到快乐,那只是因为被习惯限制和强迫。它的对立面还有拼盘搭配的菜肴。神奇的,标志纯洁、健康和真实的食物,是奶。别的都是腐败的。他说:"我们的首选食物是奶,对于重口味,我们只是不同程度的习惯而已,但实际上我们厌恶重口味。水果、蔬菜、野菜,最后才是不加香料也不加盐的烤肉,这些是最早的人类盛宴[①]。"水和面包补充了这样的三段式。拒绝盐,应该意味着拒绝生产盐所必需的技术,因此,就是拒绝文明。这实际是卢梭式的偏执。

不健康的口味,是合成的口味,精细的口味。我们看到,在哲学家的眼里,所有不以自然形式食用的食物都是合成的。当然,葡萄酒以及烈酒都是文明的产物:发酵,

---

① 第四卷,第408页。

蒸馏、存储。对于食物,这些都是多余的操作。使用酒精是文明的做法,而不是幸福主义的做法,"如果年幼时别人不给我们酒喝,那我们所有人都是不会沾酒的①。"不要发酵的饮料,也不要肉,因为"肉的味道对人来说不是自然的②"。在卢梭眼里,证据在于孩子对于吃肉的漠视,而偏好"素食,比如奶制品、糕点、水果,等等。③"卢梭一心想着在孩子身上保留自然的素食倾向,他写道:"不要让原始的口味失去自然性,千万不要让孩子成为食肉动物,这特别重要:即便不为他们的健康着想,也要为他们的性格着想④。"残酷源自对肉类摄取肉类,"恶名昭著的坏人喝血害命,更是冷酷无情⑤。"接着,卢梭在长达三页的篇幅里引用普鲁塔克的话作为证据,把食肉者说成将死尸切成碎块的人——论据很古老,毕达哥拉斯就是提倡素食,反对食肉典范。

卢梭一直相信科学,他要从生理学那里为素食主义

---

① 第四卷,第 408 页。
② 第四卷,第 411 页。
③ 同上。
④ 同上。
⑤ 第四卷,第 411 页。

找到论据：人类的牙齿、肠胃的排列状况证明人的身体适合素食。然而，卢梭犯了基本的逻辑错误，甚至是因果关系错误。如果像日内瓦人多次断言的那样，食物造就身体和存在，那么我们就可以推理说，因为某个动物是食草的，所以它拥有某种生理构造，而非相反。卢梭发现食草动物和人有同样的牙齿和肠子，借此得出结论，食草动物和人在吃素食上的亲缘关系，在平和性格上也有亲缘关系。

卢梭式的公式很简单：肉食者-战士与素食者-和平主义者相对立。他的文明谱系讲到从自然状态过渡到文明时，谈及从食草状态到食肉状态的过渡，"因为食肉动物之间争斗的唯一主题是猎物，而食草动物之间总是和平地相处。如果说人类属于后一种，那么人类显然更容易在自然状态下生存，更不需要也更少有机会走出自然状态[①]。"不过，要说自然能带来完美，可人这个所谓的物种为什么变成了文化上的肉食者，而且本性上不再是素食者呢？哲学家一直沉默，尴尬着……

---

① 第三卷，第199页。

人类的素食天性有另一个证据:吃植物的动物下崽的频率没有吃肉动物的频率高。人类是在后代繁衍上花时间最长的物种之一,跟食草动物不谋而合,这样,证据就出来了。

在卢梭的逻辑中,既然自然运动是好的,因为必须相信本能的动力,那怎样解释那些吃生肉的种族的存在呢?在《论语言的起源》里,卢梭斥责爱斯基摩人,说他们是"最野蛮的民族"①。如何看待野蛮,即最大限度的靠近自然和吃生肉的特点呢?第欧根尼是唯一歌颂自然而不犯逻辑错误的人:他说食人和吃生肉都是我们人类最初的饮食实践。

第欧根尼批评人造之物,他不理解火。哲学家卢梭却接受了火——绝好的普罗米修斯元素,甚至是文明的象征。他认为火为视觉、嗅觉带来舒适,发出的热给身体带来舒适;火聚集人类,并驱赶动物②。不过,卢梭鞭挞在任何季节都能产出水果和蔬菜的农业生产理性化。对

---

① 卢梭,《论语言的起源》,第九章,第523页。
② 同上。

于越来越多的温室,他用事物的自然过程来反驳:每个季节产出每个季节应该产出的东西,想用近乎神的方式跟一年的自然运动作对,是在产出非理性和缺陷,"如果下霜时有樱桃,严冬时有香瓜,那么在口腔不需要湿润和解渴的时候,品尝它们会有什么快感呢?在酷暑中吃厚实的栗子,我舒服吗?相比刚出炉的栗子,我难道不会更喜欢精心摆在地上的醋栗、草莓和爽口解渴的水果吗①?"哲学家的固定观点在此一目了然,他一心幻想着纯真、无瑕与和平。一方面是完美,即天真、无辜、单纯及其典型面孔——农民;另一方面是不完美,即精细、复杂、混合及其象征性面孔——资产者。自然对立于文明,奶对立于肉。

卢梭的饮食理论是斯巴达式的,是放弃,是禁欲,是修道院的清规。它并非不意味着厌恶自我、蔑视肉体,继而延展到整个人类,认同缺乏和短缺的营养师都接受这样的理论。与其说他们考虑的美食是注重清淡和享受的快乐知识,不如说他们有解决自身厌食症问题的嫌疑。

---

① 第四卷,第680页。

在素食名人的长廊里发现有人喜好生血和生肉,需要感到惊讶吗?有两个著名的素食主义者:圣-茹斯特①,此人也曾执着地以斯巴达为参照系,在《共和机制断想》里阐述自由理论时,他说到孩子的饮食,孩子的菜单:面包、水和奶制品②。第二个著名的素食者:阿道夫·希特勒。关于他,没必要多说吧③?

---

① 圣-茹斯特为法国大革命时著名政治家,主张实行中央集权和恐怖政治。

② 圣-茹斯特(Saint-Just),《共和机制断想》(*Fragments d'institutions républicaines*),瑟伊出版社,"观点"丛书(Point-Seuil),第264页。

③ 约阿希姆·费斯特(Joachim Fest),《元首希特勒》(*Hitler le Führer*),伽利玛出版社,第193页。

四

康德,或道德的酒精中毒

刚过三十岁的康德在经常光顾的咖啡馆灌下了很多酒,结果竟找不到在哥尼斯堡的住所①。他每天晚上都玩台球和扑克,每天中午都喝一杯葡萄酒,但从来不喝啤酒。他公开宣称自己是普鲁士民族饮料的敌人,说啤酒是"慢性毒药,能致人死命②",认为啤酒是造成死亡,还

---

① 阿桑尼耶·古力伽(Arsénij Goulyga),《伊曼努尔·康德的一生》(*Emmanuel Kant. Une vie*),奥比埃出版社(Aubier),第64—65页。

② 埃雷戈特·安德烈亚斯·克里斯托夫·瓦西安斯基(Ehrgott André Charles Wasianski),《康德最后的岁月》(«Emmaneul Kant dans ses dernières années»),收录于让·米斯特莱(Jean Mistler)的《私密的康德》(*Kant initime*),格拉赛出版社(Grasset),第121页。

是造成……痔疮的最重要原因之一。想想看,康德居然爱泡咖啡馆,这不得不让人感到奇怪。苛刻挑剔的哲学家是虔诚主义者,却也是好酒之徒和警觉的食客。担任枢密顾问的朋友冯·希佩尔经常开他的玩笑说:"您早晚会写出一篇烹饪批判吧①?"真可惜! 美食理性批判并没有诞生。在《判断力批判》里,思想家分析了味觉,却没有为食物留下任何位置。

阐述感官理论时,康德确定触觉、视觉和听觉是高级和客观的,而嗅觉和味觉是低级和主观的②。鼻子和上颚是不具高贵性的功能器官,因为"它们引发的心理表征来自愉悦,甚于来自对外部物体的知识③"。通过嗅觉和味觉产生的知识不是普世的,而与主体尤其相关,因此发生了感知扭曲。味觉"在于舌头、喉咙和上颚跟外在物体的接触④"。或许吧。但在滋味和产生味觉的复杂过程

---

① 路易·恩斯特·博罗夫斯基(Louis Ernst Borowski),《康德的生活及性格之描述》(« Description de la vie et du caractère d'Emmanuel Kant»),出处同上,第17页。
② 康德,《实用人类学》(*Anthropologie d'un point de vue pragmatique*),福柯译,弗林出版社,第38页。
③ 同上,第37页。
④ 同上,第39页。

里,康德忽略了想象、记忆和知性①。没有各种滋味和五味杂陈的记忆,没有分析和综合的想象力,没有用知性获取的整体和个别感知,也许谈不上品尝。而这些,康德是知道的。

他明确说,嗅觉的社会性不如"促进餐桌社交②"的味觉。当然,嗅觉预告即将到来的味觉。康德说的是"摄入食物所带来的乐趣"。同时,嗅觉也算一种孤独的逻辑。闻,是闻所有人在同一时间闻到的同样东西。嗅觉是一种必然性,"强迫他人分享气味,不管他人愿不愿意,所以背离自由③",而味觉可以有更大的享受,因为能挑选、推崇和考虑喜好,"在各种菜肴和酒之间,客人根据自己的喜好进行选择,而且他人也一样没有品尝的限制④"。这样,人的自主性得到保护,宴席气氛也得到称赞:因为是孤独的逻辑,所以味觉是共同生活的意义。

味觉运用是孤独和主观的:"愉悦和不快都与认识客

---

① entendement,康德用语。——译注
② 康德,《全集》(*Œuvres philosophiques*),七星文库,第三卷,第977页。
③ 前揭,第976页。
④ 同上。

体的能力无关,而由主体决定,不能归因于外在客体①。"康德更喜欢能导致普世判断的感官,这种判断是通达真、善、美的可能条件。味觉只能产生跟品尝者相关的价值判断,这不能满足哲学家,他关注的是普世的科学,认为个人科学的理论化不可能存在,这他几乎想都不想。尝和嗅不能成为批评理论的对象,就是美食理性批判不被康德本人考虑的原因,这一点跟康德传记的前苏联作家阿森尼耶·古力伽②所说的相反。

哲学家认为,有关味觉唯一可能的批判涉及高级感觉:触觉、听觉和视觉。因此,在第三批判里有了味觉判断分析,以及他喜爱的客体分析。但要明确指出,康德在艺术方面有缺陷:他的场景描述干瘪,绘画知识有限,几乎也没引用过文学作品,而在音乐方面,他连聋子都不如,只爱听军乐。瓦西安斯基(Wasianski)说"他喜欢噪声轰天的军乐,甚于任何音乐③"。纪念摩西·门德尔松的音乐会上,快乐的音符令他反感。他宣称,音乐不值得让

---

① 康德,《实用人类学》,前揭,第1056页。
② 前揭,第174页。
③ 瓦西安斯基,《康德最后的岁月》,前揭,第128页。

人投入时间,弹奏乐器有损更重要的东西。在哲学家眼里,音乐最大的缺点在于注定只表达感情,从不表达观点。因此,他对音乐肯定没有兴趣。该警惕那些聋子哲学家……

所以不可能存在食物味道的批判理论。味道是起伏变化的科学里太不确定的对象。或许能反驳康德,不确定性也是有关味觉的其他逻辑具有的特点,对哪种感知做出客观分析都是不可能的,不论视觉、听觉、嗅觉还是触觉。此言确凿。不过,这仍不能排斥哲学家偶尔对食物和饮料做出思考。不要忘记,在饮食实践中,康德式的叉子使用方式是实沉的,不含糊的。博罗夫斯基讲述道:"他看中一道菜的时候,就向人要菜谱。他不大喜欢复杂的烹饪,但特别坚持肉要嫩,面包和酒的品质要好。他不喜欢很快吃完,也不喜欢吃完后马上起身离开餐桌①"。我们应该想象康德在写作《纯粹理性批判》时,利用两页内容的写作间隙,抄写菜谱,然后递给仆人兰珀。兰珀像所有的复员军人那样,

---

① 博罗夫斯基,《康德的生活及性格之描述》,前揭,第16页。

个头矮小,但服从指令,做事用心,能按时完成康德交待次日要做的菜。

走出1760年代的醉酒状态之后,康德振作精神,仿佛为了总结过去的教训,他弄出一个醉酒理论。在《从实用角度看人类学》里,醉酒的定义是"一种跟自然相对的状态,无法根据经验法则来协调感官表征,此状态是过度消费某种饮品的结果[1]"。醉酒也是"通过身体来刺激(……)想象力的一种方式[2]",增加想象力,或至少让自己觉得更有想象力。这是炼金术的神奇工具:"发酵的饮料,如葡萄酒或啤酒,或者提炼的精华,如烧酒,这些物质都跟自然对立,是人造的[3]"。康德承认,这些令人忘却自我的手段可以让人逃离粗俗的世界,"忘却似乎从一开始就存在于生命本身的负担[4]"。哲学家将饮酒的效果理论化:烧酒造成沉默,葡萄酒让人兴奋,啤酒撑饱肚子,摄入酒精"可以让人微醺快乐,但有不同之

---

[1] 《全集》第三卷,第984页。
[2] 同上,第987页。
[3] 同上,第988页。
[4] 同上。

处,狂饮啤酒更容易把人关闭在梦里,喝啤酒的方式往往很粗鲁,而喝葡萄酒是快乐的、喧闹的,有一种精神层面的唠叨①"。康德描述他观察到的醉酒症状:走路摇晃,说话含糊。他以人对社会和自己的义务为名,对醉酒进行谴责,并不忘追加一份温和的嘱咐,他说:"可以为判断的严谨性减弱找到很多理由,因为人太容易忘记自我控制,太容易冲破界限,毕竟主人是要让客人尽兴而归的,要让客人从饮酒的社交行为中得到满足②。"人总是更容易宽容自己的过错。这是天性!神宽恕你(Te absolvo)。

康德坚持分析神圣的慰藉,将醉酒及其引发的忘忧状态关联起来,"人一旦醉酒,就感觉不到必须不懈克服的生活困难③。"同样,醉酒有相应的德行:打开话匣,敞开心扉;醉酒也可以扩展道德,"醉酒是一种道德品质,是坦诚之物质载体。对一颗纯粹的心而言,遏制思想是种压抑,而快乐的饮酒者很难忍受喝酒之人表现温和

---

① 《全集》第三卷,前揭,第998页。
② 同上。
③ 同上,第989页。

(……)。允许饮酒者在聚会兴头上轻微地、短暂地突破醉与非醉的界限,这也是好意①。"醉的状态释放出另一个人,跟第一个人的性格毫不相关的第二本性。

康德的微醺肯定特别快乐:他观察自己,从而得到睿智的洞察力;他观察别人,足以补充自己需要的信息。想想在哥尼斯堡街上蹒跚的那个康德,着实无法让人无动于衷:实践纯粹理性的命题假设在此越发缺少绝对命令。在思想家的脑子里,问题并不如我们以为的那般无足轻重,他后来用了些许笔墨拷问放纵的逻辑。《道德形而上学》非常严肃,在其中的"道德的学说"部分,康德将一个章节取名为"论纵欲和饮食无度给人自身带来的愚钝②"。这一次,饮酒过度跟进食无度相关联,都属于道德缺陷,是对自身义务缺乏尊重,"享用食物的动物性纵欲是滥用享受的方式,聪明使用食物的能力受到阻碍或者衰竭了。酗酒和暴食,都属于此类恶习。在醉酒状态下,人只需被当作动物对待,不需被当作人对待。置自身

---

① 《全集》第三卷,前揭,第 989 页。
② 康德,《道德形而上学》(*Métaphysique des mœurs*),《德性论》(*Doctrine de la verte*),《全集》第三卷,第 712 页。

于这样的状态,再用食物塞满自己,一段时间内,人就瘫痪了,无法进行需要手脚灵巧和头脑思考的行动①。"在康德看来,酒精就是毒品,是阻碍智慧、尊严和自我控制的物质。一贯高尚的康德继续说道:"这种堕落有诱惑力,因为能带来片刻的梦寐以求的幸福,能摆脱烦恼,甚至摆脱想象力,但酒醉是有害的,害处在于酒醒之后是沮丧、虚弱,更糟糕的是,以后必须再回到这种导致愚钝的方式,甚至必须提高使用量②。"要是有一种醉是因为知识而醉就好了……可不当之处在于,这种慰藉无法到达根子上:必须回到酒醉。如果信了哲学家,酒醉看来还是有一些好处的。被阿来克希斯·菲洛南科(Alexis Philonenko)翻译成"贪嘴"的贪食,比酒醉更糟糕,"贪食仅使用消极感性,而永远不像上述的酒醉那样使用尚有空间让思维进行积极游戏的想象力,因此,贪食更接近野蛮人的享受③"。

在一段解释性的话里,康德使用决疑式提问,质疑那

---

① 康德,《道德形而上学》《德性论》《全集》第三卷,前揭,第713页。
② 同上。
③ 同上。

些辩护或赞颂葡萄酒及其交际品质的说法。饮酒致醉将人限制在隔绝和孤独的快感里,受到强烈谴责。但酒精有某些好处,它简化主体间性,有助人际关系的和谐。在结束语中,严谨虔诚的教徒向"实用幸福论"让步,他写道:"宴席,是有意请人无节制地饮食,享乐形式有两种(……),除了纯粹的身体愉悦,还有某种道德目的倾向,要知道,将很多人长时间聚在一起是为了相互交流。但如果因为人数的原因(当人数超过……缪斯的数目),交流就只能是贫乏的(和最靠近的人交流),这样就跟目的相违背,所以,人数多仍是一种对不道德的鼓励①。"所有区别在于允许的度,在于准许使用,而非滥用。

具体而言,康德已经解决了问题:很长一段时间,他都在小餐馆用午餐。后来他决定不再到公共场合进餐,以免碰到杂乱的人。决定在住所用餐后,他尽力建立明确的规矩,从不让自己独自进食。他认为从饮食健康的角度看,单独进食是有害的。有这样一件轶事,一天中

---

① 康德,《道德形而上学》《德性论》《全集》第三卷,前揭,第714页。

午,康德没有客人,他就派仆人到街上守株待兔,热情邀请第一个过路人到家里共同进餐。他通常早上让人将邀请卡送到朋友那里,以免朋友耽误别的约会。哲学家前一晚定好菜式让厨师准备。雅赫曼写道:"康德对客人非常上心,他仔细记下客人喜欢的菜,然后让厨师到时为他们做①。"康德的屋子能容下六个人,他践行切斯特顿(Chesterton)原则:客人永远不超过缪斯众神的数目九个,通常是三五个人。午餐一直延续到下午三点或四点。康德上了年纪后,不再进行助消化的餐后散步,而是喝一两杯咖啡,或点上白天抽的唯一一支烟斗。

客人一直还是那些人,他有时也接待学生。当时的大学课程在老师家里上,常来的人有:一位未来的国务大臣、一位普鲁士总督、一位步兵司令、一位公爵、一位伯爵、一位议长、一位枢密顾问、一位银行经理和一位商人。哲学家作为仪式主人引导谈话内容,但总避免谈论自己著作涉及的领域,以及别人对自己著作的评论。

---

① 赖因霍尔德·伯恩哈德·雅赫曼(Reinhold Bernard Jachmann),《从跟一个朋友的通信看康德》(«Emmaneul Kant dans des lettres à un ami»),收录于米斯特莱《私密的康德》,前揭,第45页。

午餐是每天唯一的膳食。哲学家总在凌晨五点独自喝一两杯淡茶(第一个仆人跟随他半个世纪之后,第二个仆人总在旁边监督,不许他沾半滴酒)。康德很晚才戒掉咖啡,但仍然喜欢咖啡的香气。耄耋之年的他,靠鼻子闻闻咖啡来振奋最后几年逐渐消减的活力。

雅赫曼讲道:"他的食物很简单:三道热菜、奶酪和黄油。夏天用餐时,朝向花园的窗户要打开。他胃口很大,很喜欢小牛肉浓汤和大麦粉丝菜汤。餐桌上有烤肉,但从来没有野味。康德通常先吃鱼,几乎在所有菜里都加点芥末酱。他非常喜欢黄油,还有奶酪碎末,尤其喜爱英国奶酪,尽管他认为英国奶酪是人为染色的。如果客人多,还得上糕点。他十分喜爱鳕鱼,说离开餐桌前还能再吃满满一盘。康德咀嚼红肉的时间很长,只为咽食肉汁。肉嚼烂后,他不吞下肚,而是偷偷藏在盘子边的面包硬壳下。他很担心自己糟糕的牙齿。他喝很淡的红酒,一般喝梅多克,每个客人的餐具旁都摆一小瓶,一般这个量对他是够的,如果红酒造成的收敛作用太大,他就喝白葡萄酒[①]。"

[①] 雅赫曼,《从跟一个朋友的通信看康德》,前揭,第47页。

哲学家喜欢饭后"喝一杯",他原话如此。他喝半杯葡萄酒,称之为"匈牙利健胃药,或莱因健胃药,如果不是这两样,就可能是比肖夫健胃药。这种酒放入橙皮再加热,味道香甜①"。他从存起来不作稿纸的纸张中找出一张包住杯子来保温。雅赫曼明确说道:"他认为喝酒的时候同时吞进空气,这样更有快感,他深信不疑,喝酒的时候把嘴张得老大②。"这样的习惯延续了很长时间。后来,康德老了,身体状况已经很一般了,他在整个生命中都忍受胃痛的折磨。应该说,他的用药很妥当:早上喝几滴苦药水,可他很快不相信这药了,取而代之的是"一小杯朗姆酒,最后得了胃灼烧③"。不要苦药水,不要朗姆酒:后来的很多年,康德早上五点的胃丢给了因空腹而产生的高酸胃液。他的消化没有了规律。传记作家忠实谨慎得可以,居然写到康德便秘的细节。弗洛伊德主义者要高兴坏了:可以讨论括约肌及其在康德的道德建构中的作用了……

---

① 瓦西安斯基,《康德最后的岁月》,前揭,第74页。
② 雅赫曼,《从跟一个朋友的通信看康德》,前揭,第51页。
③ 同上,第52页。

事实上,康德在作品中多次具体说到自己的天性。关于他的一本传记明确写道:"也许再也没有谁能像哥尼斯堡的哲学家那样关注身体,以及跟身体相关的一切①"。《品质的冲突》有一章写抑郁症,康德承认:"我的胸又平又窄,给心肺运动留下的空间不多,我的体质自然抑郁了,我甚至还厌恶生活。"他继续说道:"压抑之所以一直待在我身上,是因为我的身体构造。身体影响我的思想和行动,不过,我终究成了这种影响的主人,我把注意力转移开,仿佛身体跟我没有丝毫的关系②。"康德的努力用在被他定义为"预防疾病之艺术"的营养学,而非诊治疾病的治疗学。他的作品有个章节题目为"论人类灵魂用坚定意志控制病态情感的力量③"。

康德说自己得了抑郁症,在作品里好几次对抑郁症做出定义。在《论头痛》里,他写道:"抑郁症患者不管身处何地,都感受到疼痛,疼痛仿佛传遍身体所有部位的神

---

① 雅赫曼,《从跟一个朋友的通信看康德》,前揭,第48页。
② 康德,《品质的冲突》(le Conflit des facultés)弗林出版社,第121页。
③ 同上。

经网络。结果,出现了一种抑郁的蒸气,在人体内扩散。这样,人想象自己患上听说过的所有那些病①。"同样,康德说这种人"有时候对自己和世界感到厌倦②"。在另一篇写心理疾病的文章里,他把心理情感的位置定在消化器官里面③。可以理解,康德似乎特别钟爱自我安慰和开启自我遗忘的技巧。提出绝对命令式的严谨大师是悲观的抑郁症患者,他渴求有效的慰藉。

因此,他提出"健康系统"并设想:控制你的自然本性,否则自然本性将控制你。原则多种多样:关于热,康德要求保持脚冷头热;关于睡眠,要少睡觉,床是疾病的巢穴,关于有利时刻:在好的时机思考,但永远不要在餐桌上思考,要协调胃的活动和精神活动,在好的时机呼吸可以"祛除和预防突发疾病",双唇要闭拢,还有别的生动细节。

关于饮食,要相信自己的胃口,有规律地安排进食时

---

① 康德,《论头痛》(*Essai sur les maux de tête*),第二章,266。
② 康德,《论美感和崇高感》(*Observations sur le sentiment du beau et du sublime*),第二章,221。
③ 参阅康德的《论精神疾病》(*Essai sur les maladies mentales*)。

间,避免流质性过大的食物,比如汤。随着年龄增长,要倾向"更硬的食物和更令人兴奋的饮料(比如葡萄酒)[1]",能刺激"肠子蠕动"和循环系统。不要立即向喝水的欲望让步。一天最好只吃一顿饭,只在中午吃,以便减少肠胃的工作,"这样,午饭吃得足够饱之后,就可以把吃晚饭的欲望当作病态的感觉,用坚强意志可以控制自己,渐渐地就连得病的感觉都没有了[2]。"康德这样说明观点,"作为饮食学原则(力行和节制)的斯多亚主义,属于(……)实践哲学,既是道德学说,又是医学科学。当生活方式只由人身上的理性力量,即用自定原则控制五官感受的力量决定时,医学才是哲学的[3]"。跟哲学和解,饮食学获得了高贵性:饮食学被当作论据,以支持一种有关身体知识的科学。

瘦骨嶙峋的康德"干瘪得像一只陶罐[4]",他吃着糖渍李子干,却抱怨吃的腌菜太甜。他吃的肉起锅很快,这

---

[1] 康德,《品质的冲突》,第127页。
[2] 《全集》第三卷,第921页。
[3] 同上,第911页。
[4] 博罗夫斯基,前揭,第15页。

样肉更嫩。他花很长时间咀嚼,吸食其中的肉汁,弃用叉子,而用勺子。康德写了很多封信给基塞维特要购买甜菜。年过八旬的康德获得智慧饮食学的回报,他的生命像自由滚动的轮子,渐行渐慢,缓缓停止。1798年,他写道:"延年术让我们最终只能被其他活着的人忍受着,明确地说,这不是最让人愉悦的状况[1]。"康德忠实于自己的看法,在生命的最后时期,对黄油面包片着迷不已,可是味觉紊乱了,胃口"熄灭"了。当康德发现盘中食物切得很杂乱,失去规则,他喊道:"要形式,要精确的形式啊[2]……"

---

[1] 康德,《品质的冲突》,第135页。
[2] 瓦西安斯基,前揭,第149页。

五

傅立叶,或中轴型小肉酱

夏尔·傅立叶的作品引用自《傅立叶全集》(*Œuvres complètes*),人文社科出版社(Anthropos),西蒙娜·德布主编。参考内容:《四次运动的理论》(*Théorie des quatre mouvements*),《全集》第一卷;《宇宙统一论》(*Théorie de l'unité universelle*),《全集》第二、三、四、五卷;《新的工业世界和社会事业》(*le Nouveau Monde industriel et sociétaire*),《全集》第六卷;《爱的新世界》(*le Nouveau Monde amoureux*),《全集》第七卷;《虚假的工业》(*la Fausse Industrie*),《全集》第八卷;《法郎吉出版的手稿》(*Manuscrits publiés par la Phalange*),《社科期刊》(*Revue de la science sociale*)第一卷和第二卷,《全集》第十卷。

说到改变现实的意愿,很少有人比得上夏尔·傅立叶。傅立叶歌颂乌托邦社会,这位令人惊叹的诗人用作品打造新世界蓝图。他努力创造一种生活风格,一种前所未有的、摆脱偶然的风格。傅立叶的新秩序要建立某种网格管理,如地点、情况、编号、姓名。傅立叶至少在理论上实施了笛卡尔的计划,但形式最绝对、最丰富:他要成为自然的主人翁和占有者。

据说这位哲人从来不笑,他建议的体系没有放过任何现实碎片:气候将跟人的体态一样发生巨大变化。从文明状态过渡到和谐状态,协作社会的人身高可以长到四米六零。相应地，人的"平均寿命将达到一百四十四岁①"。干预星球导致第三种性别被创造出来。气候将改变：热冷调转，四季改善，微气候可受控制。关于地理，傅立叶预见大陆漂移，南美洲朝北移动，非洲向南移动。这是一种服从人的意志的地质构造学。同样，城市也可以调换。在行动之火中，星球将改变位置。"人种再生②"时代终结时，人类将具有一只"超大手臂"，这种肢体具有装饰性且完美极了，是高度勤劳的人类的特有标志。这个附属器官从体内长出，灵敏如象鼻，可用作降落伞。为了形容这个新肢体，傅立叶的用词有"强悍武器"、"力量巨大"、"绝佳装饰"，以及"无限灵巧"③……

人与人之间的关系将跟新事物相关联，这是无法逃脱的逻辑。资产阶级夫妻和婚姻只能走向遭人唾弃的虚伪和通奸，走向遵照经济生产方式的古旧、独占、残缺的性活动。傅立叶的和谐社会将重新组织性关系和其他关系。《爱的新世界》呈现哲学家的所有设想：拉拉杂杂地

---

① 第十卷，第157页。
② 第八卷，第442页。
③ 同上。

论述各种绿帽子,分出七十六种之多(有总疑心老婆偷人的,也有老婆长期偷人而自己蒙在鼓里的,有软骨头到处求人放过老婆的,也有被老婆欺负的窝囊废逢人便说自己无辜的,有拿了老婆钱财就任凭老婆在外面招蜂惹蝶的,也有一心想娶富家女最终却倒贴钱的),他鞭挞文明之爱的丑陋,呼吁打破一切禁忌。为避免一开始就触犯众怒,将来要用渐进的方式准许乱伦①或群体淫乱,这些做法符合"人的自然需要②"。他特别关注一件事,即把性生活受排斥的人重新融进性结合的秩序中:双性恋、恋老癖和恋童癖成为制度性的实践。

傅立叶的原则,其实说起来越复杂,道理越是简单:欲望应该释放,冲动应该放任,准许用想象支配现实。简而言之,把自我欲望当作现实。他写道:"让我们研究发展方式,研究如何不压抑激情吧。三千年来,人们都在尝试建立压抑的理论,愚蠢地浪费了时间:现在是时候了,社会政治该掉头了,造物主造出激情,当然比柏拉图和卡

---

① 第八卷,第257页。
② 第七卷,第326页。

图(Caton)更懂激情为何物,是时候承认这一点了。上帝创造的一切都那么完美,如果他认为我们人类的激情有害,不能够达到整体平衡,那么他早就不创造激情了。这些称作激情的无法战胜的力量,人类的理智不应该批评它们,而更应该研究它们的法则,将它们融入引力[1]。"傅立叶向牛顿的物理学借用引力概念:在他看来,引力是人类遵从的"神圣动力[2]",解释真实的世界。

傅立叶想要的新秩序是和谐的,或协作的、结合的秩序,他用和谐反对文明。在文明与和谐之间,社会世界将经历保障主义和社会主义。这些组合上升的系列将持续三万五千年,而后进入八千年的转折期。《圣经·旧约》的《创世记》都不敢谈这个具有纯粹完美品质的伊甸神园。在未来的理想经济里,美食拥有十分特别的力量。

傅立叶说到"要将普遍的贪食组织起来[3]",要管理激情,不论男女老幼,不论社会阶层,人人皆有的激情是贪恋美食。傅立叶在《全球统一理论》中写道,"即便在倡

---

[1] 第五卷,第165页。
[2] 第二卷,第28页。
[3] 第七卷,第138页。

导人们爱上斯巴达稀粥的哲人身上,即便在布道台上抨击餐桌快乐的教士身上①",贪食都占主导位置。和谐论者剔除随兴发挥和有欠妥当的说法,他要仔细思考"跟协作状态相应的快乐②",把快乐的理性化推向最大效果。在阅读他的作品时,我们看到一种奇怪的炼金术,理性被推向极致后产生了非理性,非理性在诗学之下结晶出诱人的伴随物。振奋人心的莫过于这种极度妄想,为总结一种饮食制度,数字、字词、观点和图像都凑在了一起。

这个"崭新的健康智慧"旨在"将人民的胃口提高到足够强大的程度,以消费新秩序提供的数量巨大的食物"。这是"提升健康和强壮的艺术③"。如果说文明以稀有、匮乏和短缺的经济为特点,那么,和谐就是富足,是多余、过剩和富饶的经济。恰当的生产能赶走匮乏,能满足协作社会的需要。

文明制度里的生产逻辑是故意盲目的:故意忽视以质和量为形式的需求。如果现代人要面对不恰当的供给

---

① 第五卷,第418页。
② 同上。
③ 第五卷,第419页。

和未满足的需求之间的差距,那么和谐论者有的只是因选择困难而带来的尴尬,"极度富足将成为周期性灾难,就如今天的饥荒①。"这样,"为了保证能消费掉富余产品,他们将不得不考虑个体的详细状况,个体的体质差异。这样的理论需要向四门科学求助,即化学、农学、医学和烹饪②"。管理这种生产的人是一类特殊的学者:美食家。

美食家首先是老者:他要有超过八十岁的年龄,并且多次在其学科的各个领域里展示出优秀才华。他是食疗家、种植者、医生、智者和资深的品尝家,在评议会上,由他做出食物方面的决定③。"美食家(……)成为每个人的殷勤医生,以快乐为途径,守护每个人的健康:重要的是,每个法朗吉的人都要有自尊,要有好胃口和大食量的名声④。"智者根据幸福主义原则,管理富余产品,建立协作社会成员的饮食制度:食物必须可口清淡,

---

① 第一卷,第163页。
② 第五卷,第420页。
③ 第七卷,第136页。
④ 第五卷,第420页。

并且能够维持周而复始的欲望。智者的行动有两个目标,健康和快乐。他们很有识别力,尽心让菜肴适合每个人的体质。

跟年老的美食家相对的另一端是孩子,傅立叶对孩子特别关注。他知道,孩子对食物有激情,希望孩子在最初的成长阶段能得到一种欲望教育。在这位乌托邦者的词汇表里,为孩子决定信仰的基准尤为重要。为此,他向有关的人发问:"孩子的主导激情是什么?是友谊?是荣誉?不,是贪食;年轻女孩身上好像没什么贪食的欲望,因为文明没有提供适合她们年龄和性别的饭菜。观察这一百位小男孩吧,你们将看到他们所有人都倾向把自己的胃看作天大的事,而且在这一点上,他们的父亲是多好的追随者啊。如果和谐世界为孩子建立美食崇拜,可以推测父亲们将乐意在两面旗帜之下集结,除了对爱的崇拜,还有孩子独有的美食崇拜[①]。"美食成为中轴线,社会围绕美食而运动。傅立叶反对文明状态及其可恶的青涩果实,他要让甜味具备合法性。要说文明以短缺为特征,

---

① 第七卷,第18页。

那么文明也是以酸味为特征的,因此,和谐世界以富足和甜味为特征。这解释了为什么在协作社会的进程结尾,傅立叶构想将大海变成广阔的柠檬味甜汽水。和谐的真相类似糖浆:"细腻的果酱、甜味奶油、柠檬水等等(……)应该补偿联合秩序里孩子的经济食物[1]。"美食新事物的原则如是表述:"与甜味结盟的水果必须成为和谐世界的面包,成为富足、幸福的人民的主食[2]。"糖和水果来自地球的两个产区,糖煮水果和果酱是和谐组合的混合物,将养育天使般的孩子。

以孩子为导向的饮食教育学,其实践方式是系统和理性的:孩子还很小的时候,就将参加"美食烹饪辩论",然后,他们结合理论与实践,进行品尝活动。傅立叶写道:"只需(……)把孩子交给吸引力即可,吸引力首先让孩子迷恋美食,迷恋妙不可言的口味差别。一旦着迷了,他们就参与烹饪。逐渐增强的魔力对消费和烹饪起作用时,很快延伸到产出动植物的劳动中。通过劳动,不论有

---

[1] 第一卷,第167页。
[2] 第一卷,第19页。

关餐桌还是厨房,孩子都将获得丰富的知识,还有破茧而出的抱负。这就是功能的自然传动系统①。"因此,孩子逐渐接触构成美食学这门新科学的所有部分。

用这种新方法,"和谐世界的十岁孩童都是老练的美食者,能给巴黎的美食圣贤上课②"。傅立叶不喜欢文明世界里自诩为食物专家的那些人。他驳斥首都美食者的自负高傲,称他们"对这门科学一窍不通,却好为人师,简直是发育不全的早产儿③"。在协作秩序里,没有什么等级的人会羡慕人为造就的特长:烹饪得以民主化,美食知识亦然,用智慧和美制作菜肴成为"基本上所有人都拥有的科学④"。

作为从孩童时代就开始的教育原则,美食也是成年人的社交经济学的重要部分。美食进入中轴科学的尊贵位置:"在协作社会的饮食里,美食是智慧、光明和社会和睦的源泉⑤",美食也是"平衡各种激情的主要机制⑥"。

---

① 第六卷,第224页。
② 第七卷,第20页。
③ 第七卷,第132页。
④ 第七卷,第131页。
⑤ 第六卷,第253页。
⑥ 第六卷,第259页。

为保证美食具有统治社交的合法抱负,傅式的技巧是将美食置于宗教之下。

为有效说明如何快乐和恰当地使用食物,哲学家选择的方法是促进"将宗教系统应用于美味佳肴的精心烹制①"。傅立叶慢慢建立宗教隐喻,渐渐引入美食正统的概念,论证"重要的神圣性"。这个"重要的神圣性"靠颁发文凭来承认,获得者需向美食评议会成功证明一种菜肴跟一种体质搭配的合理性。用傅立叶的话来说,重要的圣人负责"决定每道菜在不同程度上的分量搭配②"。用更实在的话来说,他们分析鸡蛋、鸡蛋酱的使用方式、鸡蛋的佐餐搭配方式,以及对于特定体质可用的烹饪方法。同样,他们洞察食用菌或草莓跟奶油的搭配。傅立叶似乎决心要解释明白自己的话,他写道:"我会很快描述评议会的辩论所遵循的方法,描述自荐者之间如何辩论,比如,他们用食用者众多证明某种搭配适合某种体质,或者确定什么时候适合食用奶油草莓。方法非常简

---

① 第七卷,第19页。
② 第七卷,第139页。

单,即观察谁最好地消化这个奇怪的混合物,观察在地球旋流里,他的激情和物质等级如何;此人将是牛奶草莓的中轴体质①。"看起来很简单啊……

美食评议会因此可以给某些菜式冠以正宗称号。能有资格决定某种搭配是否恰当,这是美食家的莫大荣誉。荣誉称号分出级别,圣人类别有三个:"先知圣人,或理论家,专于评判每种体质在每个阶段或状况中必须消费的菜式搭配";"创造圣人,或烹饪实践者,精于严格遵照评议会的圣典来制作菜肴";"博学圣人,或混合型评论家,专门为以上两个功能提供咨询②"。

说到正宗,就意味着有对抗,意味着有异端。口头陈述和比较成果之后,纠纷通常在破壳而出之前就被扼杀了:饮食事实是一道菜肴的美食合理性的充分证据。其实,傅立叶以自由统领和谐世界为名作了让步,说当然可以存在无害的地域异端,非典型组合在有限地理范围内跟美食真理完美共存。这堪称饮食的全体教会合一运

---

① 第七卷,第140页。
② 第七卷,第142页。

动了。

评议会的自由实践不排除求助于战争,求助于战役。既是理论家又是战略家的傅立叶知道,美食策略需要其他配套手段。傅式战争学化约成了食物。战斗旨在决出"美妙的滋味[①]"。哲学家往往想到芦笋、肉酱、鱼肉香菇馅酥饼和笋瓜。他特别讨厌笋瓜,还有烤得糟糕、充满水分的面包,在《新的工业世界和社会事业》中,他写道:"如果巴黎人不是美食上的艺术破坏者,那他们中的大多数人就应该起而反对唯利是图的做法,强烈要求面包必须得到充分烘烤。但是,有人让巴黎人以为这样的面包是好的,是英式风格[②]。"他一如既往地憎恶英国,批评"用简直无法使用的弯叉子吃半生不熟的肉"这种时尚。午餐喝茶而摒弃民族饮品,也让他很愤怒。茶是"卑劣的东西","一种毒品,英国人肯定习惯了这个毒品,因为不花大价钱,他们就得不到好的葡萄酒,也得不到好的水果"。

傅立叶不高兴。文明世界里,菜式的采纳依靠跟风

---

① 第五卷,第352页。
② 第六卷,第255页。

模仿,是时尚和时代观念的祭品。本质被忘记了:食物的健康和它带来的快乐,及其道德效用。在判断力本应清楚做出决定的地方,却是狡诈在主导。哲学家执意批评当时的饮食实践,猛烈抨击盎格鲁-撒克逊人之后,他斥骂意大利人,说意大利人的面条是"发馊的糨糊",他对意大利面的流行感到悲哀。最后是罪大恶极的巴黎人,他们堕落颓废:他们吃外国菜,还搞食物造假,"商人为了省事,强迫动物奔跑①",以此让肉热乎起来。农民再也不知道如何饲养牲畜,也不懂怎么种植健康的蔬菜。愚昧和野蛮竟然到了这样的程度,"和谐世界里的五岁小孩都能从所谓巴黎美食家的晚餐上找出五十个令人震惊的错误出来②"。协作社会不可能发生这些错误,每种菜式是否能被接纳,都要经过美食认可或食物战争。

对这种独特的战斗,傅立叶给出了相关细节。战斗目标是"确定每个品种的菜式当中哪道菜肴最完美③"。

---

① 第六卷,第256页。
② 同上。
③ 第七卷,第339页。

战斗还可以促进国家在优中选优,"国家(已建立)的名声在于煎鸡蛋或鸡蛋饼①"。每支军队制作自己的菜肴,评议员品尝后选出获胜者。战斗使用"肉酱、什锦煎鸡蛋和甜奶油②"。傅立叶的描述不乏细节。在厨房里开火:厨房"只烹制所有人都关注的、将决定帝国名誉的选题③"。

料想有人会恶语中伤自己,傅立叶于是先发制人,维护自己的战争学原则,他说:"争夺甜奶油或肉酱冠军的战斗,乍一看来会让人以为是孩童玩闹,但比起作为圣餐变体的宗教战争和其他类似的争吵,这样的战斗并不更可笑④。"傅立叶十分自信,对细节十分执着。要判定和谐世界的居民是否具有绝佳的饮食健康,战争是手段之一。必须达到完美,以孕育、制造和维持完美。

对抗以名菜开始。这不奇怪,秘密武器要留在最后,赢取选票的决定论据最后关头才亮相。战斗非常激烈。和谐之父在总结军队表现以及用火方式时,列出数据:

---

① 第七卷,第339页。
② 第七卷,第341页。
③ 第七卷,第343页。
④ 第七卷,第346页。

"十万瓶虎岸气泡葡萄酒、四万只采用新方法焖烧的家禽、四万份煎鸡蛋、十万份按照暹罗评议会和费城评议会的指令制作的潘趣酒,等等①",此外,他还添加了开瓶声,三十万个瓶塞②同时破瓶而出,他统计了所有竞赛菜肴。

其实,战斗以肉酱收尾。要说秘密武器,肉酱就是秘密武器。一百六十万份肉酱被制作出来。傅立叶坦言选择这道特殊菜肴的原因:"我有充分理由谴责文明人缺失消化功能,才选了肉酱这道菜。我很喜欢肉酱,没法消化的时候才不吃。要是我们的厨师知道如何为不同体质搭配肉酱,知道使用不同的香料和醋以适应不同的胃,消化不良就不会发生在我身上了。和谐世界的争论关乎这点。好战的军队必须努力,看谁制作出最佳的什锦肉酱系列,能适用于十二种不同体质和中轴体质,让人人都有容易消化的菜肴③。"

战争在肉酱对抗之后结束。看看傅立叶如何描述结

---

① 第七卷,第356页。
② 第五卷,第358页。
③ 第七卷,第347页。

局,他说:"新型肉酱的新体系、葡萄酒的正确选择、新式菜肴的绝佳品质令人满意极了,所有军队都为肉的美味感到激动。圣人们难以掩饰他们原本不露声色的赞许,其中有好几个人在上车前宣布,他们消化了午餐,还能继续吃①。"没有什么能更好地说明结局多么完美:傅式饮食健康的根本标准是可消化性。

消化不良是文明世界的所有饭菜的必然结果。和谐世界的食物种类繁多,因为食物跟人的体质相适应。菜肴好不好,在于品质,而非数量,尽管质量轻会导致消费量更大。"菜肴和葡萄酒的优秀品质在于加速消化,让人更快有吃下一顿饭的欲望,而非延迟下一顿进食的时间②。"傅立叶忠爱自己的数字诗学,雷蒙·格诺(Raymond Gueneau)③也为此着迷。傅立叶将一天的时间平均分成五个时间段,美食时间成为制度。用餐不超过两个小时。一天有五次进食:早餐、午餐、晚餐、点心、宵夜。两餐之间的时间又被两个活动分成三部分:间歇

---

① 第七卷,第357页。
② 第七卷,第133页。
③ 法国诗人、小说家。——译注

小吃和点心,均不超过五分钟,这两次进食相差一个半小时。所有用餐点都以食客有胃口为荣。傅立叶的愿想是维持欲望,让欲望永恒回归:管理快感必须运用这样的动力原则。他举例说明规定配量的节制饮食是智慧的顺势疗法,在《爱的新世界》里,他写道:"想想看,有位性情温和的好朋友跟我们说:'昨晚我从妻子身上得到的满足太大,累得不行了,至少要休息一个星期[①]。'每个人都会对他说,你最好要注意自己的身体,停止活动的这个星期里,你得留意快感的使用。"智慧体现于合理使用。

菜肴要讲究量,同桌共餐的人数也要讲究量。傅立叶认为,成功的用餐让人体验发现的狂喜,让人获得聚会的快意。他用几句话描写"用判断力混搭宾客,用艺术为进餐伙伴配对和搭配,这样,意外和美妙的相遇让人发现每天的同桌伙伴都很有意思[②]"。为避免无话可聊,避免令人昏昏欲睡的讨论,避免没有搭档的食客突然说傻话、干

[①] 第七卷,第133页。
[②] 第一卷,第170页。

蠢事,傅立叶动用组合秩序里的资源。他让"情侣、家人、同事、朋友、陌生人之间的聚餐①"一个一个地进行。同样,哲学家觉得散克托留斯(Sanctorius)写的东西很有用,并引用他的话,"有节制的交媾能升华灵魂,帮助消化②"。因此,要晓得邀请女人来完成她们的开胃角色……

这一切皆有助于预防疾病。有这样的用药方式,谁还会去惦记疾病呢? 有些人看起来脾气不好,对和谐世界的快乐有如绝缘附体。傅立叶为这些人开出的药不是苦闷的,正如可以预料的那样,傅立叶的药方就是食品,而且很诱人。辅料先行。思想家反对文明世界的医学,他要实践新的智慧,"用果酱、精酿烧酒和其他甜食、一勺烈酒来治病的艺术③"产生无限的混合方式。味道医学依靠百姓理智,而百姓早就知道"喝一瓶加糖加温的老酒,然后补个觉④",可以治疗感冒。通过"适用于每种疾病的解药理论⑤",味道医学将治疗和快乐关联起来。因

---

① 第一卷,第171页。
② 第七卷,第135页。
③ 第七卷,第129页。
④ 第六卷,第260页。
⑤ 同上。

此,使用果酱、葡萄、斑皮苹果和好酒是味道医学的基本原则。

要懂得如何在水果上看到来自宇宙腹地的积极元素,它们的优秀品质显而易见。傅立叶的饮食天体学在整部作品中最令人叹为观止。《宇宙统一论》用一整个章节描写"温带水果的星球调节①"。傅立叶明确说,协作社会能改变气候,通过斗转星移,进而改变生产和生产力。傅立叶讲授的是星球交配的理论,在此理解傅立叶的用语要做出努力。根据这个理论,在大调式八度音程的超高音域,土星和海王星创造梨子,而红色水果属于次高音域的地球和金星;在小调式八度音程的超低音域,天王星和女诗人萨福的组合产生杏子和李子,而在次低音域,木星和火星的联合产生苹果。其他各种水果来自太阳,桃子来自贞洁之星——水星。作者进一步仔细考察了红色水果的谱系,如是论说:"像植物一样雌雄同体的星球,既跟自己交配,又跟其他星球交配,比如地球,阳从北极倾泻,阴从南极倾泻,

---

① 第四卷,第243页。

特有的香味得以融合,完成交配后产生红色水果的次中轴水果——樱桃①。"接下来有黑加仑、醋栗、桑椹、覆盆子和葡萄的诞生方式,其中有椰子,旁边加了个问号。

然后,乌托邦者结合个人的神话学和神秘主义,结合奇怪的理性和诱人的太空机械学,将食物诗化,将食物写成历史。关于傅式诗学,罗兰·巴特明明白白地写道:"重置于(……)符号历史的傅式建构,主张一种巴洛克语义学,就是说,这种语义学向蔓延的能指开放:无限,却有结构②。"

所以,用诗意的话语说到树刺、黑果、色彩变幻、色调逻辑和嫩芽的酒神主义之后,桑椹被明确地说成纯粹且简单的道德之象征。而覆盆子褪色之后,浆果成了虚假道德的象征:果刺分裂成蒴果,而后脱落,浆果成了蠕虫喜欢的地方。接下来,还有樱桃、草莓……

应该把事业未竟的傅立叶留在星球的声音里,身旁陪伴着总对蚕豆犹豫不决的毕达哥拉斯。我们似乎听到

---

① 第四卷,第 244 页。
② 罗兰·巴特,《萨德,傅立叶,罗犹拉》(*Sade*, *Fourier*, *Loyola*),瑟伊出版社,"观点"丛书,第 103 页。

柔和的秋日歌曲在回响:迎合着让食物服从和谐世界的温和妄想,这是迷失在多面镜里的乌托邦者之歌,还是星球的吟唱? 年老的哲学家傅立叶,同时也是《味觉生理学》的作者布里亚-萨瓦兰的小舅子,他告诉我们,诗学真相不应害怕把话说明。一锤定音是诗学真相的特点。

六

尼采,或反基督者的香肠

阅读《瞧,那个人!》可以发现,饮食被看作美的艺术,饮食这一必然需要至少具有诗的品质。远在北方的食物科学跟傅立叶的饮食学并非没有亲缘关系,在尼采讨论如何解决现实问题的一篇文章中,味道被赋予构筑的使命。尼采用"自私决疑论①"指称为自我着想,包括饮食、环境、气候和消遣。同样出于为自我着想,他让生活成为艺术品。所谓积极快乐的知识,主要观点在于这个训令:"让我们成为自己生活的诗人,首先从细节和平凡做

---

① 尼采,《瞧,那个人!》,前揭,伽利玛出版社,"思想"丛书,第58页。

起①。"饮食是自我构筑的时刻。

尼采接着关注且只关注的,就是这种自我极化(polarisation sur soi)。读者要注意哲学家对问题的层级化做法:"有个问题格外引起我的兴趣,相比神学家的任何古老玄学,'人类的拯救'更依赖它:饮食问题。通俗一点可以这样说,你要怎样吃才能达到最大的力量、文艺复兴意义上的价值(virtù)、'确无伦理因素'的道德②。"尼采重新评价饮食,使饮食成为生活的艺术,成为存在的哲学,能取得实际效用。饮食是"效用"的炼金术。

尼采比任何一位哲学家都更明确地说,在思想、作品的构设过程中,身体起决定性作用。很早以前他就提出,体质和观念之间有亲缘性:"在客体、观念和纯粹智慧的面具之下,身体需求的无意识扭曲能够具有可怕的比例。我经常自问,至今为止的哲学是否不论怎么看都只是对身体进行一种阐释,进行一种曲解③。"形而上有如肉身的废弃物。

---

① 尼采,《快乐的知识》(*le Gai Savoir*),299。
② 尼采,《瞧,那个人!》,第36页。
③ 尼采,《快乐的知识》,2。

尼采的身体净化不由让人想到普罗提诺的苦行。酒神狄俄尼索斯的忠实信徒尼采认为,身体要习惯承载轻的元素,要能够跳舞。在黑暗力量之神的谱系里,太阳神阿波罗并非没有用处。饮食思考是阿波罗式的思考:自我雕塑、形体力量和适度控制的艺术,是愉悦所含的辅助能量与朴素之间的微妙辩证关系。酒神主义是强有力的炼金术:有了它,"人不再是艺术家,人本身就是艺术品①"。饮食是内在的形而上,是实践的无神论。饮食也体现了创造"海燕逻辑"(logique alcyonienne)的实验原则:为了一种知识新美学,身体被调动了起来。尼采的美食学是向新大陆的过渡和开放。

在《快乐的知识》里,尼采请关注道德问题的勤奋的思想家重新考虑他们探索的领域。他说道:"直到今天,赋予生命色彩的东西里还没有哪一个有自己的历史②"。没有历史写爱、贪婪、嫉妒、意识、虔诚、残酷;没有历史写权利、惩罚、一日光阴的切分及时间使用的逻辑;没有历

---

① 尼采,《悲剧的诞生》(la Naissance de la tragédie),伽利玛出版社,"思想"丛书,第26页。
② 尼采,《快乐的知识》,第一章,7。

史写社区经验、道德风气、创造者的风俗,当然也没有历史写饮食:"人们知道食物的道德效用吗? 存在一种饮食哲学吗? (素食主义的支持者和反对者不停地发生争论,这就证明饮食哲学根本不存在[①]!)"

饮食的新历史一定会带来宝贵的知识,探索中会出现惊喜。毫无疑问,在比人们想象的还要更多的行为中,饮食是诱因。因此,在抱怨"身体和饮食研究仍然不是基础和高级学校的必修课程[②]"之后,尼采提出,罪犯可能就是这样一个人,他强烈需要能够将饮食知识融入理解事物方式的"一种医学智慧,一种医学善意。在此,我们又找到费尔巴哈的痕迹,费尔巴哈曾断言"人就是他所吃之物"。

饮食决定行为。因此,通过饮食知识或许能找到超越必然性的方式? 自由意志的缺位,以及自我行动、自我构筑和自我意愿的可能性,它们怎样调和呢? 选择自己的食物,就是建构自己的本质。尼采说,选择在此就是接

---

① 尼采,《快乐的知识》,第一章,7。
② 尼采,《朝霞》(Aurore),伽利玛出版,"思想"丛书,202。

受必然性,首先要发现必然性。为了把话说清楚,尼采以《论朴素生活》的作者威尼斯人克纳罗(Cornaro)为例,"他在作品中推荐自己的低脂饮食方式,以及长寿、幸福且有道德的生活方式"。意大利人认为他遵循的饮食方式是长寿的原因。错,威尼斯人混淆原因和结果,颠倒因果关系,尼采写道:"长寿的首要条件是新陈代谢异常缓慢,能量消耗低,这是他选择低脂饮食方式的原因。他不能自由地多吃或少吃,他的朴素生活并不是他的'自由意志'做出的自由决定:他一吃多,就病倒了[①]。"其实,人不是选择自己的饮食方式,人只是觉得有种饮食方式最适合自身机体的必然性。经由智力调介的饮食学是接受必然王国的科学:要理解最适合身体的东西,而非按照无视身体需要的标准进行随机选择。

关注饮食是对爱命运理论的实际说明,同时发出"成为你自己"的苦行邀请。饮食方式是要饮食符合自身意愿,是渴求和获准的和谐化。饮食方式意味选择

---

① 尼采,《偶像的黄昏》(*le Crépuscule des idoles*),伽利玛出版社,"思想"丛书,第54—55页。

非此不可之物,意味选择必然。有这样的觉悟,才能有愉悦和满足。

怎样让必然成为道德呢?首先确定消极的,不应该做的东西;然后看出积极的,应该做的东西。消极的饮食讲究数量。"今天在饭店和生活着小康阶层的地方,人们的饭菜令人鄙视①。"过多食物堆积在餐桌上是显摆的意思。"这些饭菜意味什么?——它们有代表性!——代表什么呢,公正的老天?代表阶级?——不,代表金钱。阶级已经没了②。"饭菜成为财富外露的标志。

尼采进而攻击"现代人的饮食(……),现代人想消化很多东西,甚至要消化一切,人将一切抱负放于其上"。这样的平庸时代活在丰盛和珍贵的菜肴之间。这时,"什么都吃的人不是最精细的种类③"。庸俗在于不作区分。什么都吃,这是一种谬误。

缺少品质,缺乏柔韧、清淡、细腻,这些都是消极饮食的特点,原型是德国菜。德国特点是"餐前喝汤

---

① 尼采,《朝霞》,203。
② 同上。
③ 同上,171。

(……);肉煮得太烂,蔬菜太油太腻;餐后甜食蜕化成沉重的压纸板①"。吃每道菜都要配大量的葡萄酒和啤酒。尼采讨厌民族饮品啤酒,要啤酒为文明所有的沉重承担责任。他揭露"啤酒引发精神缓慢蜕变②"。酒精也要不得。在传记的一段话里,尼采承认:"有点奇怪,含大量水分的酒我喝一点就不舒服,可喝多后,我简直要变成水手了③。"他读中学时每餐一杯葡萄酒或一杯啤酒。面包也应该取消:面包"抵消其他食物的味道,消灭滋味就是每餐必有面包的原因④"。含丰富淀粉的蔬菜也应该受谴责。尼采很奇怪地从食用过多米饭当中看到消费鸦片和毒品。按照同样的思路,他认为吃过量的土豆就是服用苦艾。米饭和土豆的不良消化都造成"思考和感觉的麻痹⑤"。哲学家的理由很晦涩,没有任何口头或象征的传统,也没有任何风俗习惯

---

① 尼采,《瞧,那个人!》,第37页。
② 尼采,《偶像的黄昏》,第76页。
③ 尼采,《瞧,那个人!》,第38页。
④ 尼采,《查拉杜斯图拉如是说》中的《旅行者和他的影子》(*le voyageur et son ombre*),德诺埃尔-沉思出版社,98。
⑤ 尼采,《快乐的知识》,145。

能为他提供论据。

素食也不是解决办法。即便瓦格纳有段时间选择了素食,后来的希特勒也选择素食,但素食其实并不符合尼采的意愿。尼采认为,素食者"可能是需要吃补品的人①",因为蔬菜而筋疲力尽;其他人筋疲力尽则是因为承受痛苦。尼采看在与格斯多夫(Gersdorff)的友情份上,有段时间试着只吃蔬菜。在给朋友的信里,尼采一开始就表达了保留意见:"该领域的试验得出如下法则:智力产出多而情感丰富的人,需要吃肉。其他饮食方式只适合农民和面包师,他们只是消化的机器。不过,为了展示勇气和意志,我还在吃素,只要你不让我过别的活法,我会坚持下去(……)。我向你承认,饭馆让我们习惯了一种真正的"填鸭"式饮食:我今后会拒绝在饭馆吃任何东西。从营养角度看,我很明白一段时间不吃肉是极其有用的,但用歌德的话说,为什么要把素食"搞成一种宗教",这类狂热为什么都不可避免地包含素食主义呢?当

---

① 尼采,《瓦格纳事件》(*Le Gas Wagner*),伽利玛出版社,"思想"丛书,第33页。

人成熟到能适应素食的时候，人往往也适应了社会主义"蔬菜大杂烩"①。尼采的传记作者詹斯几乎没明白这个比喻，或许因为不知道哲学家写信时人在1869年9月的瑞士巴塞尔，当时这座城市正迎接国际劳工联合会第四届大会和巴枯宁②。巴枯宁不是素食主义者。其实，素食主义者的著名代表人物是卢梭：卢梭把素食说成最接近原始人的进食方式。《爱弥儿》的作者卢梭甚至非常警惕荤食者："可以肯定，喜欢吃肉的人通常比别人更加残酷和凶暴③。"因此有了这样的等式：肉类＝力量＝残酷，蔬菜＝软弱＝温和。他归纳出强势和弱势的对比，贵族精英和民主社会主义者的对比。

尼采的饮食理论讲究节制：不要过多(大米、土豆)，不要过少(肉类)，要有禁忌(酒精、兴奋剂)，以促进必然需要与健康饮食之间的一种和谐，一种相衬。

---

① 《尼采书信集》(*Correspondance générale*)，《致卡尔·格斯多夫的信，1869年9月28日》(Lettres à Gersdorff, 28 septembre 1869)，伽利玛出版社。
② 库特·保尔·詹斯(C. P. Janz)，《尼采传》(*Biographie. Nietzsche*)，伽利玛出版社，第一卷，第306页。
③ 卢梭，《爱弥儿》，七星文库，第四卷，第411页。

正因为不懂如上饮食基本规则,家庭妇女们制造了一个肥腻、粗俗、臃肿的德国。尼采批评"厨房里的蠢事",抨击"做饭的女人",斥责"女人用恐怖的无知完成这项任务":为家人和一家之长做饭菜。"做饭的女人糟透了,厨房里没有丝毫理智,所以人的进化才被延缓了最为漫长的时间,受到最为严重的损害。这个状况在今天几乎没有任何好转①"。曾有愚蠢的观念长期占据主流地位,即认为按照预先设想,能用最小花销可以造出一个人:简略优生学,或身体的神秘管理。尼采也讨论这个话题,认为某种饮食可以相应产生具有明显特征的特定人种。食物是选择的手段。和谐的分量能产生一种受控的生命力,因为"进食过多的物种(……)很快会有异于同类的倾向,这很常见,变成怪物也很常见②"。柏拉图也曾迷上以饮食为优生手段的简略神秘学。幸好尼采没有在这条路上继续走下去,他的假想似乎只在作品里,后来没有论述。他不考虑解决集体问题,而仅把饮食科学限于

---

① 尼采,《超越善与恶》(*Par-delà le bien et le mal*),10/18,234。
② 同上,262。

个人目的。

尼采反对厚重油腻、缺乏细致的德国菜,推崇他认为清淡爽口的皮埃蒙特菜。尼采反对酒精,赞扬水的品质,承认大口水杯从不离手,喜欢尼斯、都灵、锡尔斯等地盛产的泉水。尼采反对咖啡,呼吁喝茶,茶只在早上喝,量要少,但味要浓,"如果茶太淡,即便浓度极低,要喝一整天的话,还是很有害的,身体会不舒服[①]。"他也喜欢巧克力,在气候令人烦躁且跟茶碱不相容的地方,他推荐巧克力。他后来比较过荷兰万豪顿和瑞士史宾利的可可粉[②]。

除了饮食的本质和性质,尼采在饮食学里加入进食方法、用餐方式以及操作要求。首先,要"了解胃的大小[③]";其次,与其吃清寡的,不如吃丰盛的,胃装满了,消化就更容易了;最后,算算在餐桌上花的时间,不能太长,否则胃会过于阻塞,也不能太短,以避免胃部肌肉用力过大和胃液分泌过多。

[①] 尼采,《瞧,那个人!》,第39页。
[②] 库特·保尔·詹斯,前揭,第三卷,第274页。
[③] 尼采,《瞧,那个人!》,第39页。

在饮食实践的问题上,尼采承认有过"最糟的体验"。他继续说道:"我很惊讶,我竟然这么晚才想到饮食问题,这么晚才从中吸取'理智'。只有我们无用至极的德国文化——德国'理想主义'——才能在某种程度上解释为什么我在吃的方面像开心的智障者①。"其实,尼采跟母亲的所有通信都证明他的饮食具有野蛮特点,而这个特点陪伴了他的一生。不管什么时候,尼采似乎都不愿意摆脱肉制品和高脂肪食物。

1877年,他的饮食安排为:"中午:速成汤,餐前喝四分之一罐,两个火腿鸡蛋三明治,六到八个核桃加面包,两个苹果,两块生姜,两块饼干;晚上:一只鸡蛋,面包,五个核桃,甜牛奶加一个面包片或三块饼干②。"1879年6月,他吃得还是这么多,增加了无花果,或许为了减轻胃痛,牛奶的分量加倍。几乎没什么肉,肉太贵。1880年之后,他写给母亲的信里大多是要香肠、火腿。他抱怨火腿腌制得不细致,请母亲不要再给他寄梨

---

① 尼采,《瞧,那个人!》,前揭,第37页。
② 库特·保尔·詹斯,前揭,第二卷,第245页。

子。在瑞士的恩加丁居住期间,尼采很担心食物供给,尽力确保买得到腌牛肉罐头。1884年,他在信里写到自己悲惨的垮掉的身体:胃痛、剧烈的偏头痛、眼睛痛、呕吐,午餐只吃一个苹果。读了福斯特的《生理学教科书》,他才转而采用英国啤酒进行治疗:黑啤和淡啤。他忘记自己曾经强烈咒骂过同胞喜爱的饮料,只想如何更好入睡。接下来那年在尼斯,他中午吃粗麦面包和牛奶,后来在日内瓦的寄宿公寓,说那里的晚餐"肉都烤得很漂亮,而且不油腻",跟芒通相反,芒通"烹饪的方式是符腾堡的"①。

奶制品出现在1886年的锡尔斯。在写给母亲的一封信里,尼采盛赞"白奶酪上浇酸奶,这种俄罗斯吃法"有好处。他明确说:"我现在似乎找到了对我有好处的东西,山羊奶酪,配上奶(……)。我还直接向厂家订购了五斤干菜!(……)现在先把火腿搁一边(……),也把煮汤的食谱忘掉吧②。"胃的确需要奶制品,但干菜可不

---

① 库特·保尔·詹斯,前揭,第三卷,第113页。
② 《尼采书信集》,《致母亲的信,1886年7月14日》(lettre à sa mère, 14 juillet 1886),伽利玛出版社。

是用来帮助消化的。至于熟肉,他似乎要悼念熟肉了,因为腌制品发臭了不能吃。手头缺钱使得他无法享用丰盛的饭菜。贫穷和崩溃的身体状况对厚实的食物愈发需要,但能选择的东西却越来越少。肉食的缺乏让他最为难受。

1887年8月,尼采在锡尔斯的"意大利旅馆"度过夏天。他提前半小时用餐,好躲开闹闹哄哄的百来个寄宿者,其中有许多小孩。他对母亲说,他拒绝"跟一大群人一起进食,跟动物集体喂食似的。所以,我单独吃饭(……):每天一块漂亮的带血牛排和菠菜,还有一个大大的煎鸡蛋(抹苹果酱)。晚上是几小片火腿、两个蛋黄和两块小面包,再没有别的东西了①。"清晨五点,他给自己泡一杯万豪顿热巧克力,再躺下睡一个小时的回笼觉,起床后再喝一大杯茶。

熟肉在他的通信里一直是优先选择,首先要"威鲁瓦火腿"或"火腿香肠",然后要蜂蜜、大黄块和萨瓦糕。头脑还清醒的最后那一年,即1888年,他不再喝葡萄

---

① 《尼采书信集》,《致母亲的信,1887年8月3日》。

酒、啤酒、烧酒和咖啡,只喝水,说"(他的)生活和饮食方式极其有规律①"。但他一直钟爱牛排加煎鸡蛋、火腿加生蛋黄以及面包。这年夏天,他订了六公斤的鲑鱼肉色火腿,够吃四个月。收到母亲寄来的包裹后,尼采把"摸起来手感美妙"的香肠用细绳子挂在墙上:我们应该想象哲学家在一串串香肠下撰写《反基督》的情形……

在崩溃前的几个星期,尼采终于吃到了水果。在都灵逗留的时候,他透露说"迄今让他感到最受宠若惊的是那些四季水果店的老商妇,她们不停为他挑拣最成熟的葡萄②"。要等到这个时候,才看到哲学家的食谱里有水果和蔬菜,但从来没有鱼。尼斯的海产品本来可以确保新鲜供应,可他丝毫没有兴趣。

尼采不待见厚实油腻的饮食方式,可他的饮食方式偏偏就是如此——南方地区的菜肴厚实油腻,尽管是南方,仍很油腻。条顿人的菜毫无疑问最为厚实,不易消

---

① 《尼采书信集》,《致母亲的信,1888年3月20日》。
② 尼采,《瞧,那个人!》,第65页。

化,可尼采用以反对它的皮埃蒙特菜也不见得有多清淡:皮埃蒙特除了特产白松露,还有炖肉、面条,一点也不清爽。在尼采的传记里,看不出转向合理饮食的任何明显变化。他写道:"其实在成年之前,我从来都吃得不好,从道德上可以说,我吃的方式是非个人的、不图利的、利他的,这样对厨师和基督徒兄弟最好了①。"

其实,尼采的胃被搞坏了,健康状况糟糕。他拖着垮掉的身体四处飘荡,寄人篱下,那些地方考虑更多的是省钱划算的食物,而不是考虑效用的美食。本来可以吃鱼,可以水煮或清蒸,要知道母亲买了炊具并且寄给了他,尼采却在吃香肠、火腿、口条、野味、麂子②……

要成为尼采那样的人,就得想想他在《不合时宜的思考》里写的内容:"我欣赏以身作则的哲学家③。"尼采从不践行自己的饮食理论,从这个维度上来说,哲学家失去了他人的信任。濒临疯癫之际,他在最后

---

① 尼采,《瞧,那个人!》,前揭,第 37 页。
② 《尼采书信集》,《致母亲的信,1878 年 11 月 9 日》;《致妹妹的信,1879 年 7 月 6 日》。
③ 尼采,《不适时的思考》(Considérations inactuelles),奥比埃出版社,第三卷,3。

一篇文章中写道:"我是一样东西,我写的是另一样东西①。"尼采式的饮食实际上是一种梦想的道德,一种幻想的关注,一种可能导致消化不良的进食咒语。食物是世界的*拟似物*。因为有效诗意不够,饮食的尼采式修辞只是和谐地关联现实和自我的美学,这种美学也只是梦想中的美学。饮食方式也属于塑造身体和欲求肉体的意愿。在不和谐的纯粹必然面前,尼采不会吝惜他鼓舞世人的意愿:机体透明、机制流畅、机器轻巧。

尼采式的饮食是糅合道德和美学的基本动力,是一种美的艺术,终极目的是意愿的风格。饮食是自我达到愉悦的辅助练习,至少是朝着快乐方向做出的努力。饮食是自我的艺术,是对必然的驱赶,是内在的技术;饮食跟理论逻辑一样重要,跟用高贵的生活方式让身体高贵的意愿一样重要。钉在十字架上的人尸骨未寒,酒神却已经有了化身。快乐的知识。

---

① 尼采,《瞧,那个人!》,第61页。

七

马里内蒂,或古龙水咖啡煮香肠

任何具有现代性的形式,马里内蒂都喜爱,甚至到了偏执的程度。他希望消灭威尼斯,这座只剩多情和堕落的怀旧主义城市。圣马可广场应该变成宽阔的停车场。他要让从环礁湖里冒出的珍宝成为强大的工业和军事力量,统治亚得里亚海,保证意大利在地中海以及全世界取得最高军事地位。

为了革命,未来主义者想尽办法:城市规划,以及被超现实主义忽略的音乐、服装、电影、小说等领域。烹饪也被融入旨在改造一切守旧价值观的计划之中。

美食被马里内蒂当作工具,以贯彻变革的绝对意志。他希望用饮食革现实的命,赋予现实崭新的形式。他的想法多多少少来自主张饮食清淡的尼采,来自对锡尔斯哲学家的热情。马里内蒂主张的烹饪相当于马克思革命的无产阶级组织:用食物创造新生活的精华。

未来主义者在饮食方面最为愤怒地反对面条,未来意大利的死敌,往昔意大利的象征。"我们这些未来主义者,"马里内蒂写道,"不屑于谈论传统,不屑于谈论代价巨大而所有人都觉得没意义的发明。饮食糟糕或粗俗的人曾在过去实现了伟大的事情,这我们承认,但我们要宣告这样的真理:人根据所吃的、所喝的进行思考、梦想和行动①。"面条的确是意大利人的象征食物,半岛的拟似

---

① 菲利波·托马索·马里内蒂和菲利亚(F. T. Marinetti, et Fillia)的《未来主义烹饪》(la Cuisine futuriste),娜塔莉·海因里希(Nathalie Heinich)译,梅塔里耶出版社(Éd. Métaillié),1982年。本章关于未来主义烹饪的内容主要依据娜塔莉·海因里希的这本杰出译作。也请参阅基欧维尼·里斯塔(Giovanni Lista)的《马里内蒂》(Marinetti),赛格尔斯出版社(Sehgers)及其作序的马里内蒂《未来主义》,人的时代出版社(L'Âge d'homme);蓬杜斯·胡尔腾(Pontus Hulten,),《未来主义和各种未来主义》(Futurisme et futurismes),绿色之路出版社;马里内蒂的《未来主义烹饪宣言》(«Manifeste de la cuisine futuriste»),前揭,第43页。

物。攻击面条就是破坏文明建筑。面片、面条、通心粉意味着意大利。

面条的不良消化造就一种可以确定的身体,"立方、肥胖、暗淡沉重,像铅一样①",更接近铁、木和钢,而不接近未来学家眼里的凝结轻巧、光明和进取的高贵材料——铝。

马里内蒂主张的品质是灵巧、尼采式的舞蹈和轻快的脚步。要做到这些,就必须摧毁面条的饮食宗教。因为面条阻碍自发性,制造喜欢冷嘲热讽和多愁善感的怀疑论者。"面条(……)缠绕意大利人,羁绊他们,让他们像等待丈夫归来的珀涅罗珀的缓慢纺锤,或等待海风时打瞌睡的帆船。意大利人的聪明才干已经让长短波网络覆盖了广阔的海洋和大陆,广播电视已经让带着各种色彩、图像和声音的风景环绕地球了,为什么让他们拖着沉重肥胖的身体?面条捍卫者的肚子里拽着的面条,像苦役犯拴着的铅球或者考古者离不开的废墟。你们最后要记住,摧毁面条之

---

① 马里内蒂和菲利亚,《未来主义烹饪》,前揭,第44页。

后,意大利将从昂贵的外国小麦中解放出来,这有利于我们的大米产业①。"马里内蒂这样结合美学道德和经济考量:终结面条,就是终结向沉重屈服的身体,就是终结国家对外国市场的屈服,这将实现国家的商业自主,能出售国产大米,能将肉身从引力的桎梏中解脱出来。在多种意义上,面条之死将意味身体重生,个体和政体皆得以重生。饮食有如经济原则。

未来主义饮食革命将考虑营养的质量和需求。经济将选择用理性管理饮食方式。这样的要求,马里内蒂是在米兰的"鹅毛"饭店的餐桌上说出的。他的讲话说到两个年代,年代的前后区分依照哥白尼式的变革:以前/面条、以后/米饭,以前/重复,以后/想象。过去的意大利死板,未来的意大利灵活。因此:"我向你们宣布,未来主义烹饪即将得到推广,即将彻底更新意大利饮食体系,以便尽快适应人类需要,这个需要就是人类必须做出有英雄般活力的新努力。未来主义烹饪摆脱过去对体态和体重的迷恋,将来的首要原则是消除面条。面条,即便味蕾喜

---

① 马里内蒂和菲利亚,《未来主义烹饪》,前揭,第45页。

欢,仍是过时食品,因为面条让人沉重,因为面条让人笨拙,因为面条的营养品质是虚幻的,因为面条让人多疑、迟钝、悲观。另外,从爱国的观点看,我们应该推崇大米①。"接着,他说到"地中海阳光玫瑰羹"、"温带洋蓟"、"棉花糖之雨",还有,看看跟沉重永别是多不容易,"烤肥鹅"、"狮子牌辣酱烤小羊"、"酒神巴克斯的血"和"仙山露酒的快乐泡沫"……

这份米兰宣言的价值特别体现在,味道品尝标准的秩序被马里内蒂推翻了:个人不再有权根据与快感相关的主观判断来决定什么是好的。好的东西由国家决定,国家考虑群体的、一切人的利益。在此,马里内蒂接近黑格尔,甚于接近尼采。他曾经撰文批评个人判断能力,倡导考虑整体利益的判断原则。未来主义新评估系统让普世性成为个人的圭臬。

未来主义烹饪宣言全都出自马里内蒂笔下,是他让新的陈述有了效应,是他建立了菜谱的革命合理性,菜谱在他的话语里被称作菜方。未来主义美食最重要的字眼

---

① 马里内蒂和菲利亚,《未来主义烹饪》,前揭,第42页。

是新,要让新类型产生饮食愉悦。

在马里内蒂和菲利亚联合署名的奠基性文章里,蓝图被这样描述:"未来主义烹饪革命(……)以伟大、高贵和实用的意图,彻底改变我们人类的饮食,让饮食有力量、有生气、有精神,要借助绝对崭新的食物,用经验、智慧和想象构成的经济替代品取缔平庸、重复和花费。我们的未来主义烹饪像水上飞机轰鸣的引擎,在吓坏了的守旧主义者看来,这也许疯狂、危险,但这样的烹饪最终将在人们的味蕾和现在及未来的生活之间建立和谐。"他们把实验放进饮食历史,继续说道:"除了寥寥无几的非凡传奇,人类至今还吃得像蚂蚁、老鼠、猫和牛。有了我们这些未来学家,才诞生了史上第一种属于人类的烹饪,即饮食艺术。跟所有艺术一样,饮食艺术排斥剽窃,追求创新[①]。"马里内蒂的思考乐观,他直截了当地宣称:希望改变饮食方式,从而改变现实。通过饮食进行革命。

后来,抗议活动出现了。抗议者反对把食物当作替罪羊:拉奎拉市有群妇女决心捍卫面条,让人传阅并签署

---

① 马里内蒂和菲利亚,《未来主义烹饪》,前揭,第29页。

致马里内蒂的抗议书;那不勒斯百姓上街支持受迫害的食物;都灵举办厨师大会,比较牛奶鸡蛋面和古龙水煮香肠的品质。有杂志发表未来主义教皇用力咀嚼面条的剪辑照片,而在博洛尼亚,扮成马里内蒂的大学生在公众面前表演专心吃面条。后来还发生了斗殴事件,以及激昂的歌剧和演讲,你方唱罢我方登场……

未来主义革命的实现,既有量的方面,又有质的方面。因此,马里内蒂希望"在构思和评估食物的方式当中消灭形态和重量,用看似荒诞的新混合物做实验,消灭传统混合物(……),在味蕾的快感中消灭日常的平庸味道①"。为了做到这些,这位新美食家邀请国家扮演积极角色,免费发放替代食物的药品,有药丸、药片和药粉,以保证必要的营养平衡。这些药可以带来蛋白质、合成脂肪和维他命。经济将得到深刻的改变:生活成本和工资降低,劳动时间缩短。在此,我们又看到了每个乌托邦主义革命者全心投入的理想,他写道:"机器很快成为服服帖帖的铁制、钢制、铝制的无产阶级,为几乎完全摆脱体

---

① 马里内蒂和菲利亚,《未来主义烹饪》,前揭,第45页。

力劳动的人类服务。体力劳动缩短到两三个小时,通过思想、艺术以及完美的膳食,人可以用剩下的时间完善自我,使自己变得高贵①。"马克思希望的完整的人(homme total)被马里内蒂实现了:德国思想家用社会革命将人摆脱异化,意大利思想家用的则是饮食革命。

未来主义的终极性是政治的,未来主义的神学是美学的。烹饪是人为了解决生存问题而借助的一种美的艺术。在此我们又发现,马里内蒂这位兼为艺术家的哲学家所关切的问题,青年尼采就曾十分重视,他认为"艺术是至高无上的任务,是人类生活真正的形而上活动②"。兼为艺术家的哲学家马里内蒂实际上在发明、实验、摧毁、立规、控制。我们完全有理由把马里内蒂变成新型人类,对这样的人而言,艺术是让现实改换面貌的手段。努力把以自我为中心的决疑论融进基本思考的尼采肯定不反对用食物达到骇人听闻的目的……

意大利人民采用新的饮食方式,将变得更有男人气

---

① 马里内蒂和菲利亚,《未来主义烹饪》,前揭,第46页。
② 尼采,《悲剧的诞生》(*la Naissance de la tragédie*),伽利玛出版社,"思想"丛书,第19页。

概,将在全世界实现帝国主义目标:面条如同反革命分子,阻碍崭新的罗马帝国向全世界扩张。

借助同样的机会,对营养有需求的国家管理把身体从饮食必需中解放出来,同时提供精英主义和贵族主义烹饪美学。满的肚子对应原始需要,美的肚子是对身体必需的艺术消解。在人民数量和精英质量这两难之间,敞开了依附尼采式思考的饮食愿景,即在主人和奴隶的双重角度下重新思考人类。百姓食客根本上不同于贵族食客:百姓进食是为了熄灭初级欲望。对此,未来学家希望通过国家的帮助,用收益最大化的方式平息他们的欲望。贵族的吃,是为了消费艺术品和参与革命派的美学逻辑。贵族摄食的是美。两种情形,殊途同归:都产生美的躯体,强壮、平衡、结实,像野兽、像机械,能有效应对国家的诸多需求。

马里内蒂的贵族辩术却在最广泛的范围内得到追捧:乌托邦大师目标直指大众群体的贵族化,让人民转为精英。未来主义计划是一种仇外的国家美学主义,旨在让意大利掌控欧洲,然后统治世界。让停滞不动的人民脱离平庸,烹饪是要运用的诸多手段之一:大众让自己成为艺术品,再将这个能力输送到境外。美食是全球革命的预备教育。

马里内蒂希望"每个人都有吃艺术品的感觉[①]"。为做到这点,他对饮食仪式进行编码。按他的说法,餐桌一顿饭的不同元素之间必须具有和谐性,元素如玻璃器皿、碟盘、装饰物、餐具,菜肴的香、色、形和上菜逻辑,等等。所有感官都被唤醒,并扮演积极角色:搭配艺术的功能是为摄取食物做准备,以及激发进食欲望。视觉尤为重要:未来主义烹饪艺术,首先是视觉享受的游戏。要通过刺激视觉加强对食物的理解,食客必须观看有组织的介绍,有的菜是用来吃的,有的则不然,重要的是产生欲望。色彩与和谐要特别精心考量。

触觉通常被人忘记,因此需要特别说明:马里内蒂首先摧毁刀叉的使用。手掌和指头成为获得最初快感的新工具:触摸,是体会温度,区别冷热;用手判定结实与否:硬、软、柔;了解食物构成,食物的颗粒、砌合整平的程度;

[①] 马里内蒂,《激励人心的未来主义美食》(«Les repas futuriste incitatifs»),前揭,第130页。

为锻炼触觉,发明用各种纺织物和材料制作的模型:麻布、丝绸、毛线、藤子、玻璃纸。特定的食物,总有特定的触感与之配合。

除了视觉和触觉,还应该刺激嗅觉:利用菜肴的自然香味,同时需要外部香气协助,以利于品尝,这仍然是基础原则。用餐时,搭配的香味精华用风扇吹出来。香气是精心挑选的,得与桌上的菜肴在色彩、形状和品质上和谐搭配。

同样,听觉也要练得敏锐:播放的音乐跟散发的气味相结合。但为了不干扰感官,优先考虑在撤菜和换菜之间播放音乐,这样,舌头和上颚可以避开过于复杂的联觉暗礁。为了撵走无用的声音,马里内蒂禁止在餐桌上卖弄口才、闲话聊天和谈论政治。所有努力都应该集中在感觉上。心智活动和讨巧卖乖,在这样的场合没有任何适宜性。作为研究节奏的学问,诗歌将完成跟音乐一样的仪式功能。让人想到在修道院餐厅诵读经文……

最后,味觉的刺激手段是"创造出含有十几二十种可以同时或交替出现味道的一口酥,品尝用时很短。在未来主义烹饪里,一口酥通过类比而具有文学成像的扩大功能,能概括一段生活、一段火热的恋情或者一番远东旅行①"。

正如大家猜到的,马里内蒂的理论融合了当时的科学成果。厨房必须向现代工具敞开:臭氧发生器,为液态和固态食物增添臭氧的气味,象征马里内蒂特别推崇的飞机所穿越的广袤空间;紫外线灯,激活因暴露而缺失营养的物质,让食物更营养,瞧,营养收益仍然是要考虑的;电解器,分离食物精华,合成汁液,产生新物质,带有革命的味道;胶体磨,添置在厨房入口,而厨房里尽是现代机器主义的论据:这些工具更便于研磨麦子、香料、干果。家用烹饪的新科技还应该结合普通压力或真空蒸馏器,比如离心高压锅、渗析器、精确测量食物酸度和基本物质的化学指示器。

整套理论出现在 1930 年 12 月 28 日都灵的《人民报》。马里内蒂在其中浓缩了关键设想以及实现手段,明确必须做两件事:同时调动五个感官,并且将现代科技融

---

① 马里内蒂,《宣言、思想、论战》(«Manifestes, idéologie, polémique»),前揭,第 48 页。

入美食过程。计划在于像创作艺术品那样构建菜肴。

这些未来主义原则在多次宴会上得以实践。1910年初在的里雅斯特(Trieste),第一场未来主义之夜提供了打乱菜肴秩序的机会。这一顿饭名副其实地体现同时代的理论和宣言。菜肴的命名是诗意的。罗兰·巴特说,存在一种特殊语言,一种在新世界发现者身上的极具想象力的修辞。马里内蒂没有脱离这个规则。要指称一种食物的新形式,语言必须有新的东西。

因此,porexcité这个词用以命名"放进装有滚烫咖啡和大量古龙水的盘子里直接食用的去皮生香肠①"。同样,aéroplat具有联觉的艺术特点,"食客右手边摆放装有黑橄榄、茴香心、金橘的盘子,左手边是用玻璃纸、丝绸(玫瑰色)和天鹅绒(黑色)构成的方布块。食物必须直接用右手送入嘴里,同时左手多次拂过触感布块。这时,服务员往食客的后颈喷石竹共香气雾,从厨房传来飞机引擎猛烈的轰鸣声和巴赫的音乐②"。这个菜方集中了未

---

① 马里内蒂,《餐饮业的未来主义食谱》(«Recettes futuristes pour restaurants et oulonboit»),前揭,第139页。
② 同上,第140页。

来主义秩序:加深感官知觉,禁止使用餐具,但辅以香水、音乐、方布块触摸,以补偿文明造成的感官衰竭;崇尚现代噪音、引擎的声音、速度的声音、飞机的声音,改变传统参照物,即音乐的某种价值嬗变;实现非同寻常的滋味混合,比如熟肉和咖啡,以及使用传统饮食排斥的东西,比如古龙水。

马里内蒂一心追求饮食搭配的革命性。我们可以看出,将出人意料的搭配变成现实,在很大程度上其实只是调整而已,比如,菠萝和凤尾鱼的组合、糖和盐的组合。醒胃菜方建议"把一只沙丁鱼放在一片菠萝上,然后铺一层吞拿鱼,其上再放一只核桃[1]"。同样,禽畜肉和鱼肉也可混在一起。菲利亚如是描述说:"不死的鳟鱼,就是在鳟鱼内填充碎核桃仁,用橄榄油煎炸,最后裹上小牛的牛肝薄片[2]"。总之,未来主义烹饪在打乱秩序面前毫不退缩,把冷菜和甜点弄成"二合一冰激凌",即奶油冰激凌加生洋葱碎块。

---

[1] 马里内蒂,《餐饮业的未来主义食谱》,前揭,第156页。
[2] 同上,第140页。

现代主义者最大的挑衅在于侵犯常规和提倡纯粹主观主义味道。比如"醉小牛",菜方是这样的:"在一块小牛嫩肉里塞入去皮苹果、核桃、洋葱、石竹花,放入烤箱烤熟,取出后泡在麝香白葡萄酒或利帕里产的帕塞托甜酒里,冷食①。"同样,蛤蜊、大蒜、洋葱、米饭和香草奶油混杂在一起,这道菜叫"的里雅斯特海湾"。画家普兰波利尼的烹饪更能搅乱宗教秩序,震惊梵蒂冈,他大胆把"宽阔水域"变成格拉巴酒、杜松子酒、莳萝酒、茴香酒的混合液,液面上"漂着一块面团,像药丸,里面包着凤尾鱼肉泥②"。西罗克弗朗教授请大家进行更危险的操作,他的"囚徒香水"需要十拿九稳的制作技巧:"把香水导入精美的彩色皮囊内,给皮囊充点气,稍稍加热。待香水汽化,皮囊鼓胀,再跟装进热杯里的咖啡一起享用。注意香气要保持多样。将点燃的香烟靠近皮囊,吸进从皮囊逸出的香气③。"要试试……

语言之新,不仅体现在对菜肴的总体描述,还在于

---

① 马里内蒂,《餐饮业的未来主义食谱》,前揭,第147页。
② 同上,第142页。
③ 同上,第143页。

描述烹饪的操作特点或未来主义者最新创造的语言搭配。为菜肴取诗意的名称是烹饪的一个传统,但为了指称通向菜肴的炼金术,词语发明就更不同寻常了。来自拉丁语的前缀"co"可以造几个新词:共声、共光、共乐、共香或者共触。这些词意味一种感觉和一道菜肴相似。橙汁米饭和摩托车发动机搭配,就有共声,菜名就叫"起飞轰鸣"。共光是咖啡古龙水煮香肠和红色闪电的组合,共乐是什锦蔬菜牛肉卷和音乐芭蕾,而共香是土豆和玫瑰组合的特点,共触则结合了香蕉泥和天鹅绒或女性肉体。

同样,有些词由前缀"dis"构成,指一个感觉和一道菜肴互补:补声,是"意大利海"和橄榄油的爆裂声联盟,或带气液体的细泡破裂声和浪花的气泡声;补光是巧克力冰激凌和橙色光;补乐是凤尾鱼椰枣和贝多芬的第九交响曲;补香是生肉和茉莉花,而补触觉是"赤道－＋北极"和海绵的组合。

词汇也要适应新菜肴:新词采纳跟预设意义没有任何关系。但关于饮料的新词被采纳,体现了饮料通过口腔的特征,"喝下热且补的合成饮料,经过短暂而深沉的冥想,做出重要决定①"。用"床上战争"形容能促孕的合成饮料,"床上和平"是催眠合成饮料,"快快上床"是冬季暖身的合成饮料。所谓合成饮料,可等同鸡尾酒。

最后,烹饪的实现及命名方式令人遐想:菜单诗意跃然纸上。"阿德里亚诺波利斯轰炸",智慧地结合鸡蛋、橄榄、刺山柑花蕾、凤尾鱼、黄油、米饭、牛奶,做成丸子,裹上面包屑,最后下锅油炸。显然,从许多菜方可以看出未来主义者对航空的喜爱,比如刚才说的"起飞轰鸣":橙子小牛肉煨饭加马沙拉葡萄酒;"牛肉飞机身":机身是煮熟的栗子、洋葱覆盖着可可粉,牛肉片扣在其上;"热辣的飞机场":俄罗斯沙拉、蛋黄酱、绿菜、塞有橙子的面包块、水果、凤尾鱼、沙丁鱼,全部摆在绿色场地上,摆出飞机的轮廓。还有别的,如"利比亚飞机"、"天空之网",以及"助消化的着陆":"栗子用糖水煮熟,压成泥,再用香草梗拼成大山和平原,上面用天蓝色冰激凌做几个大气层,脆面饼做的飞机朝下穿越气层②。"这样的菜方有时让人想到埃

---

① 马里内蒂,《餐饮业的未来主义食谱》,前揭,第165页。
② 同上,第154—155页。

里克·萨蒂的音乐剧的幽默名字,比如"率直的小牛""绿光牛奶"或"阳光下的意大利乳房""可食的滑雪者""动物喝的汤"以及"离婚的鸡蛋"……

具体的进餐是真正的偶发艺术,是特点怪异,近乎狂热的实验。马里内蒂想让一次正式宴席成为原型,建议让一个擅长逗乐的人用下流但不庸俗的笑话逗食客发笑。他没有说如何区分下流和庸俗这两种逻辑。然后,抬上桌的是"在日内瓦注册的食人肉者",这道菜由各种生肉组成,每个人随意切分,在装着佐料、香料或葡萄酒的杯子里调味。接下来的"各国社会"是漂着黑色小香肠和巧克力棒的英国奶油。食客品尝的时候,一个"十二岁左右的小黑人,躲在桌下挠女士的大腿,掐女士的屁股①"。最后一道菜是"坚固的盟约",一种彩色牛轧糕,里面充满小小的炸弹,爆炸释放出战场的硝烟味,充满餐厅。这一切之后,厨师连声道歉半个小时,请求原谅他在仪式里搞砸了壮观的甜点。一个醉鬼来到狼藉不堪的屋子,他还要喝酒,马里内蒂写道:"就给他最好的意大利葡

---

① 马里内蒂,《餐饮业的未来主义食谱》,前揭,第111页。

萄酒,最好的酒要多少给多少,但有一个条件:他必须两个小时不停讲裁军、修改条约和解决金融危机的办法①。"可以肯定,利用饮食对民主进行辛辣滑稽的模仿,墨索里尼并不反感,相反,他被未来学家的极端主义现代性所吸引。

马里内蒂给出了许多这类菜方,在讽刺、幽默和严肃之间可以看出他改变价值观的意愿。他还提出经济餐、爱情或婚礼餐、单身餐,以及空腹两天并经历空中诗意、触觉、地理的或神圣的仪式后饱食香水的极端主义者膳食。

马里内蒂一心将饮食学置于饮食传统之上,热衷过度,实则作孽。他以为从顽固不化的怀旧主义那里窃取了狂乱奔放的现代性。不过,他的多次攻击只是古代或中世纪做法的现时翻版。至于烹饪革命,他的努力是为了饮食的反动。

伟大世纪后半叶的烹饪文章已经展示了咸甜搭配的做法,其中可以找到鱼配椰枣和糖煮水果,覆盆子可以用

---

① 马里内蒂,《餐饮业的未来主义食谱》,前揭,第112页。

来做菜汤。想想看,后来还有著名的橙子鸭和菠萝鸡。同样,马西亚洛(Massialot)1691年就说到肉和鱼搭配,牡蛎鸭可为证。1739年,马林(Marin)把松露、牡蛎和炖牛肉混搭在一起。回顾历史可以知道,秩序混搭实际上在全世界一直被人们实践:墨西哥有道传统节日菜肴同时使用火鸡和巧克力;在西班牙,龙虾和鸡肉里拌蔬菜、香料和巧克力,请看成分:洋葱、丁香、芹菜、花椒、辣椒、西红柿、花生、大蒜、盐和可可粉。

今天,人人都可以搭配野味和水果,或红色果酱,比如苹果醋栗麂子肉。在英吉利海峡的法国诺曼底海边地区,迪耶普炖菜是一大盆鸡肉和临近海域的海鱼,土地和海水融为一体。

未来主义的进攻表现在用石竹烹煮小牛肉,类似做法在素食菜谱里也有,比如雏菊鸡蛋沙拉,用于烹饪的花卉还有茄子花、旱金莲、玫瑰花、金合欢、紫罗兰和熏衣草。

所谓的疯狂和新颖,所谓的哥白尼式的革命,实际上几乎都是过去某种烹饪的现时翻版。20世纪70—80年代的法国新烹饪运动正是烹饪论文收藏家弄出来的,他们隐匿出处,重新开发看似不可思议的中世纪烹饪配方,比如醋栗海鲂脊肉或草莓汤。

没有哪种饮食学是平白无故诞生的,没有哪种饮食学具有深刻的革命性。很早以前,一切都在烹饪、摄入、消化了:嘴巴是历史的发生地,而历史只是永恒的重新开始。饮食昭示着永恒的轮回。

八

萨特,或水生甲壳动物的复仇

萨特不喜欢带壳的海鲜,他吃了会呕吐。在《永别的仪式》里,波伏娃问萨特对食物有何喜恶。关于最讨厌的食物,他答道:"蟹虾、牡蛎、海贝①。"为了论证和分析他做出排斥的实质,他把虾蟹描述成昆虫,想到就觉得不舒服,虾蟹这些动物几乎不属于我们的世界。"吃虾蟹的时候,我吃的是另一个世界的东西。白皙皙的肉可不是给我们吃的,是我们把它们从另一个世界偷来的②。"萨特

---

① 西蒙娜·德·波伏娃,《永别的仪式》(*la Cérémonie des adieux*),书末有 1974 年 8 月和 9 月间的《萨特访谈录》(*Entretiens avec J.-P. Sartre*),伽利玛出版社,1981 年,第 422 页。

② 同上。

继续思考,说道:"这种肉塞在一个东西里,用作食物的话,就要把它抽出来吃。想到抽出来,我就觉得恶心。怪物的肉被紧紧夹在硬壳里面,要用工具才能弄出来,而且还不是完整的剥离。因此,这种东西跟矿物有关系①。"看待贝类动物时,萨特无法区分食物和食物的品质。贝壳的存在形式接近植物,但隐藏不了跟黏液、黏稠物的亲缘关系,他厌恶极了。从牡蛎、海贝或淡菜上,他看到"正在诞生的有机体,或者说,唯一有机的部分是有点让人恶心的淋巴肉,颜色怪异,肉里有张开的洞②"。很快,萨特为洞的行而上学打下基础。在《奇怪战争的笔记》里,他有些模仿弗洛伊德的理论,把洞和排泄关联起来,把洞口大开跟性快感关联起来。他轻描淡写地说洞是典型的缺乏,洞在召唤填塞。然后,他专心写作,告诉大家"洞崇拜比肛门崇拜更早"③,夸张些说,他饶有兴趣地把玩着洞,洋洋洒洒写了几页纸的篇幅。

---

① 波伏娃,《永别的仪式》,前揭,第 422—423 页。
② 参阅苏珊娜·里拉尔(Suzanne Lilar)的《关于萨特和爱情》(*A propos de Sartre et de l'amour*),格拉赛出版社。
③ 萨特,《奇怪战争的笔记本》(*les Carnet de la drôle de guerre*),伽利玛出版社,1983 年,第 187 页。

1939年12月,"人-之-洞①"(trous-pour-l'homme)的形而上学避开食物问题,但《存在与虚无》里的论述没有忽视食物。

在萨特最重要的这部作品里,饮食在循规蹈矩的现象学分析形式下出现:"有些倾向是吃这一行为的基础,其中,填塞倾向(……)无疑是最基本的:食物是填塞嘴巴的'填料';吃,就是填塞自己的嘴巴②。"用哲学的话可以这样翻译:"填塞单数的洞,最初是奉献自己的身体以使生命之实存在,也就是说,经受自为(Pour-soi)的激情,以改造、完善和拯救完整的自在(En-soi)。"填塞复数的洞,既是吃,又是交配。萨特毫不犹豫地谈及"女性器官的猥琐③",却对吃的嘴,辨别味道、香气和物质的嘴,没说过任何确定的话,但他分析了吸入、吞咽、吸收和夹紧的性。他强调,两个洞有相似性,"毫无疑问,性器官是嘴,贪婪的嘴,吞阴茎的嘴④。"如果句法游戏允许的话,能不能轻

---

① 萨特,《奇怪战争的笔记本》,前揭,第191页。
② 萨特,《存在与虚无》,伽利玛出版社,1948年,第705页。
③ 同上,第706页。
④ 同上。

松地把这句话颠倒过来,把每张嘴都说成性器官呢?也许吧。

借助波伏娃对萨特的描述,我们容易进一步理解萨特的饮食观。性器官和嘴建立了对等,就能想到他的伴侣说过的一句话。波伏娃明确说:"确切地说,对于性行为,萨特并不特别感兴趣[1]。"她在《岁月的力量》里写道:"我指责萨特把身体看作一束束有纹理的肌肉,不同意他把身体和交感系统分割开[2]。"

有关身体的使用,萨特丝毫不拐弯抹角,表现出对自我的鄙视和对肉体的拒绝。或许可以说,哲学家的防御性身体完全符合柏拉图传统,推崇理念和精神的完美,厌恶身体,把身体比作坟墓,比作装有完美原则的邪恶盒子。空想知识分子、存在主义哲学家萨特的进化环境完全不讲卫生。没有什么比把自我丢弃在腐败之物中更能说明问题了。萨特邋遢,说明他能够忽视肉体、鄙视肉

---

[1] 爱丽丝·施瓦泽(Alice Schwarzer),《今天的西蒙娜·德·波伏娃,访谈六则》(*Simon de Beauvoir aujourd'hui. Six entretiens*),法兰西信使出版社(Mercure de France),1984年,第113页。

[2] 波伏娃,《岁月的力量》(*la Force de l'âge*),伽利玛出版社,1960年,第134页。

体,将肉体丢进多余无用的词汇里。在德国的时候,他的住所又脏又臭,从不打扫,连传记女作家都说他"房间恶臭";他好几个星期"都不洗澡,其实,穿过街道,只要付十个苏的钱就可以随意挑个温泉浴室"①。那时候,萨特的外号是"黑手套",因为"他的双手,从指尖一直到半截手臂,尽是黑糊糊的污垢②"。

身体的必需总是让他恶心和蔑视。据波伏娃透露,萨特只要身体健康,就悄悄地摆脱恶心和蔑视。当思想家再次筋疲力尽的时候,他又表现出一副认命的样子,令伴侣惊讶。他瘫在扶手椅或沙发上,脸上没有任何羞耻,尽是屈服。

萨特常忘记讲卫生,也忘记身体的节奏,忘记饮食这一文化仪式必然要用来超越自然的必需。他的饮食,量与质都糟糕极了,把身体献给仪式的频率也很糟糕:"我觉得完全无所谓,"他写道,"中午或晚上跳过一顿,或者一天跳过两顿,只吃面包就行,或者连面包都不用吃,只

---

① 安妮·科恩-索拉尔(Annie Cohen-Solal),《萨特:1905—1980》(*Sartre*. 1905—1980),伽利玛出版社,第199页。

② 同上。

吃沙拉也行,要么饿一两天也行①。"波伏娃证实他吃得随便,时间随便,方式也随便②。

蔑视自己的身体,很自然地伴随着对所有身体的蔑视。在《存在和虚无》中,萨特对蔑视身体这一基本事实进行分析,他不断借助特别的表达:一条腿生病了,眼珠被医生切碎了,身体被炸弹摧毁了,一只手臂被打碎了,一具死尸,胃、头、肚子、手指、眼睛,疼,疼,疼③。萨特式的身体首先是病态的、残缺的、毁坏的、无法辨认的。根本不是品尝滋味或者享受快感的身体,根本不是感受快乐或者颤动快感的肉体,而是生病、腐败或者溶解的肉。萨特关注细节,阐释恶心和呕吐的概念时说到"腐肉、鲜血、排泄物",说到胃溃疡时,他认为胃溃疡是"一种啮齿动物,体内的轻微腐烂,"他继续说,"我能通过类比来构想胃溃疡,比如脓肿、疱疹性口炎、脓水、疖疮等等④"。以身体为媒介的利他模式(l'être-pour-autrui)是存在的,

---

① 萨特,《奇怪战争的笔记本》,第155页。
② 安妮·科恩-索拉尔,《萨特:1905—1980》,第246页。
③ 参阅《存在与虚无》,第三卷第二章,第368—404页,名为《作为自为存在的身体:散朴性》。
④ 同上,第423页。

但既非微笑,也非媚眼,而是淌汗和汗味。身体隐喻被蛛形纲动物串在整本书里,他人面孔是恶心发生器,连自己的脸都能让他"厌恶(他)过于白皙的肉①"。身体是用来掌握工具的工具,身体只是没有欲望、没有意愿享受快感的机器。

鄙视自我,把身体当物品使用——自我厌恶的变异,这在萨特身上体现为烟和酒的双重面孔——自我厌恶的变异。安妮·科恩-索拉尔总结了萨特一天当中消化的东西:"卷烟两包,是味道呛人的博雅尔牌玉米纸卷烟,烟斗数支,抽棕色烟丝;酒一升多,有葡萄酒、啤酒、白烧酒、威士忌等等;安非他命两百毫克;阿司匹林十五克;巴比妥数克,还有咖啡、茶,以及日常饮食里的油腻食物②。"《存在与虚无》之后的《辩证理性批评》付出这样的代价:有时每天超过一管类固醇用量……

萨特的酗酒是确凿无疑的。几次酩酊大醉都记录在波伏娃的回忆录里,最有名的一次发生在莫斯科,那是

---

① 萨特,《存在与虚无》,前揭,第425页。
② 安妮·科恩-索拉尔,前揭,第485页。

1954年春天,他住了十天院。好心的传记作家们都指责苏联主人对他压酒……在一次问诊之后,萨特意识自己应该戒酒了,他喊道:"我这是在跟我生命中的六十年光阴永别①。"

在两管类固醇之间,萨特用现象学方式分析了酗酒。他写道:"独自醉酒和引导人民是一回事。要是其中一个行动占了上风,那么原因不在于该行动的真实目的,而在于对理想目的的意识程度。这样,孤独醉鬼的寂静沉默有可能压过人民引导者的徒劳鼓动②。"萨特想对这番话做出说明吗?还是在1973年,即人们劝他戒酒的这一年,他把自己的政治构想全部透露给《时报》记者,就几个词:恐怖、非法和武装暴力。"革命的体制,"他说,"必须摆脱威胁它的一定数量的人,除了死亡我看不出别的手段。关进监牢,人总能出来的。1793年的革命者们杀的人也许还不够多③。"瞧,这是酒精中毒的最小危险……

---

① 波伏娃,《永别的仪式》,第67页。
② 萨特,《存在与虚无》,第721—722页。也请参阅《道德笔记》,伽利玛出版社,1983年,第330页。
③ 萨特,《现代》专访录(Réponse à une interview d'Actuel)973年2月,第28期。

1973年的问诊还发现萨特有缺氧和脑窒息问题。大动脉和小动脉的状况极糟,酒精是重要原因,烟的作用同样很大。在《存在和虚无》中,萨特说出一个小小的吸烟理论:吸烟,是实践一个仪式,将肢体动作戏剧化、仪式化,也是"融入身体的摧毁性反应。烟丝是'据为己有'的存在的象征,因为随着呼吸的节奏,它被一种'持续摧毁'的方式摧毁,经过我的身体,固体消费成了烟雾,这种象征方式表现出变化。"这个"火葬式牺牲",萨特如是命名,其本身就是整个人类的牺牲游戏,"整个世界的一种据为己有式的摧毁。我吸烟,烟丝变成气体又被我吸收进身体①。"吸烟和吃饭,同一逻辑的两种方式。但烟草似乎是方便的食物替代品,这个替代品有魔力、不紧实、易消逝,味道几乎是中性温和的,对味蕾的作用是收敛性的。

在萨特仔细解剖自我的试验台上,兴奋剂、酒精、烟草还是不够。萨特跟自己的身体拉开距离,尝试麦司卡林的经历并非没有意义。萨特阐述的理由是哲学性的:他希望在自己身上测试致幻剂对个体的图像形成会产

---

① 萨特,《存在与虚无》,第687页。

生什么效果。向圣安娜医院的拉加什医生提出要求后，在医生的控制下，他的身体被注入效用维持在四至八个小时的药水。他后来在《想象》里解释了药剂的作用①。波伏娃描述萨特向她汇报的幻觉："他身边和身后，蹼动着螃蟹、章鱼和面目狰狞的东西②。"水生甲壳动物的报复：萨特认为自己被龙虾追杀。当波伏娃在电话里担心实验进展的时候，萨特用惊魂未定的声音回答说，她的"召唤让他摆脱了跟章鱼的缠斗——他肯定不占上风"。潮水的胜利啊……后来在街上，麦司卡林已经没有延迟效用了，可萨特仍然"十分确信有只龙虾一跳一跳地跟在自己身后③"。波伏娃认为原因只能是致幻剂的后遗症，哲学家行为神经紊乱跟圣安娜医院没有关系。萨特后来又提起这个怪物——他认为怪物有高度的象征性。在《恶心》中，他让罗昆丁（Roquentin）成为熟悉水生动物的人，有的动物"身体用烤面包片构成，像垫在鸽子肉

---

① 萨特，《想象》（*l'Imageinaire*），伽利玛出版社，"思想"丛书，第303页。
② 西蒙娜·德·波伏娃，《岁月的力量》，第216页。
③ 同上，第217页。

下的那种面包片,有螃蟹的钳子,横着走①。"

水生甲壳动物多次出现在思想家的作品里,引人注意。萨特在《文字生涯》里说,当他还是孩子的时候,偶然看见阿歇特历书里的一幅雕刻画:月光下的河堤,一只长长的伸出水面的粗糙钳爪夹住一个醉鬼,要把他拽进阴森的水底。画的配文最后写道:"这是酗酒者的幻觉吗?地狱之门微微敞开了吗?"萨特后来说:"我害怕水,害怕螃蟹和树"。我们可以回忆树在《恶心》里的角色。萨特放大了这幅画在他身上引起的反应,承认在昏暗的房间里经常回想起这个恐怖场面。他明确说,戏剧化要求地下或水下场所,人物以水生动物或地狱怪兽的形式突然出现,"眼睛火红的章鱼、体重二十吨的甲壳动物、会说话的巨型蜘蛛——这是我本人,稚气的怪物,是我生活的烦恼,我对死亡的恐惧,我的平庸和邪恶②"。螃蟹出现在《阿尔托纳的囚徒》中为两个人物的对话作铺垫,其中一个人物预料十足目动物将降临在人类最初的形成计划

---

① 萨特,《恶心》,七星文库,第72页。
② 萨特,《文字生涯》(les Mots),伽利玛出版社Folio系列,第129—130页。

中:"他们将有别样的身体,所以有别样的观点①。"

但甲壳动物的胜利有限,它们并未嵌入理论作品,至少没有成为存在主义心理分析的对象。它们全都是用以阐释和陪衬音乐的配角。挑剔食物的现象学家萨特知道,人跟食物的关系就是人跟世界的关系。他的分析适用于整个世界,但关于自己,他有个盲点。用民间智慧的话说,就是对人苛求,对己宽容……在《存在与虚无》中,他写道:"喜不喜欢牡蛎或蛤蜊,喜不喜欢蜗牛或虾,这个问题(……)其实并非无关紧要的,只要我们能稍微弄清楚这些食物的存在意义。大致说来,没有什么味道或倾向是不可化约的,它们全都代表着存在的边缘选择。要靠存在主义分析来对它们进行比较和分类②。"还是那句话,告诉我你吃什么……

萨特承认自己没什么喜欢的东西。除了果断排斥海产品,他还坦言厌恶西红柿,拒绝吃西红柿的酸果肉。总的说来,被他称作植物的东西他都不喜欢,尽管他感觉植

---

① 萨特,《阿尔托纳的死囚》(*les Séquestrés d'Altona*),第二幕,第一场。

② 萨特,《存在与虚无》,第707页。

物承载意识的程度比贝壳类动物还低。他从来不吃天然状态的水果:水果的罪在于水果是偶然的产物,是跟人距离过远的外在之物。哲学家承认更喜欢融合人类加工的水果,比如,糕点里的水果。只有通过人为、技术或文化的调解,他才接受食物。他是极佳的反第欧根尼者,他憎恨天然的东西,只对制造加工过的产品有兴趣,只喜欢人造之物。萨特明确说:"食物必须经过人的劳动产生。面包就是如此。我常常想,面包是跟人的一种关系①。"他曾经喜欢肉类,但后来不喜欢,理由是素食者很看重的:吃肉就是咀嚼死尸。波伏娃问:"那你喜欢什么呢?",萨特答道:"介于肉、菜和蛋之间的东西。我曾经很喜欢熟肉,但现在不那么喜欢了。我觉得人加工的肉制品是完全崭新的东西,比如小烤肠、猪肉香肠、熟肉香肠,这些东西只有依靠人类才得以存在。用某种方式把血沥干,然后用某种办法处理,用人类发明的特定方式烹制。香肠两头拴着细线,连我都觉得形状很诱人②。"熟肉制品意

---

① 波伏娃,《永别的仪式》,第423页。
② 同上,第424页。

味原始资料的变化和改动：血、肉、脂肪。熟肉制品是炼金术，超越食物的粗糙构成；是一个完整体，要进入其中，需通过编码、文化和技术的一系列操作。如果说生章鱼是第欧根尼的象征物，那么猪肉香肠就是萨特的象征物……红肉，即便做了处理，还是充满了血。萨特继续说："而熟肉香肠、猪肉香肠并不这样，熟肉香肠外部有白霜，肉是玫瑰色的，圆形的，这是另一种东西①。"

在生命快到尽头的时候，萨特放弃饮食仪式。以前，他在"圆顶"餐馆用午餐，晚上跟波伏娃的用餐地点不定。他承认晚餐仅仅满足于"一块肉糜或别的什么东西②"。眼睛失明、嘴唇麻木、牙齿脱落还有老年期来临，萨特最后每顿饭都把自己的脸弄得到处是酱和食物，他强烈反对别人帮他。萨特式的饭菜是厚重的，"丰富的熟肉、腌菜、巧克力糕，配一升葡萄酒③"。核桃和杏仁损坏了他的舌头，他承认喜欢菠萝，瞧，居然是水果，因为菠萝像煮熟的东西……

---

① 波伏娃，《永别的仪式》，前揭，第 424 页。
② 同上，第 514 页。
③ 安妮·科恩-索拉尔，《萨特：1905—1980》，第 484 页。

萨特说:"每个食物都是一个象征①"。蜂蜜或糖浆、甜食,在他看来都跟黏稠关联。他记不清象征主义对应物,便请读者感受奇怪的联觉。在《存在与虚无》中他写道:"我吃一块玫瑰蛋糕,味道就是玫瑰色的;淡甜的香味和顺滑的黄油奶油,是玫瑰色的。因此,我吃玫瑰色的东西就如看到甜食②。"在意大利旅行时,萨特玩这种出乎意料的对称性游戏。比如,他将"热那亚的宫殿和意大利糕点的味道和颜色③"相对照。萨特式的联觉值得让人做一番存在主义心理分析,至少可以将其人之道用于其人之身,他是存在主义心理分析之父嘛。黏稠、糊状、油腻、消化不良、结实、液体的味道,都具有很深的意义。

理解恶心,要通过白、软、温和黏,而超越偶然性和现实性,要靠黑、硬和冷。萨特式的欲望是矿物化,是成为化石,是逃离腐败类型。萨特是柏拉图再现,认为真实是即时和本质之间的片断,露出水面和淹在水下之间的部分。在水之外,有外部表象,有由图像、根、物体、事

---

① 波伏娃,《永别的仪式》,第421页。
② 萨特,《存在与虚无》,第707页。
③ 波伏娃,《永别的仪式》,第297页。

物构成的幻像。在水之下,有存在的真相,有世界的真正本质。"水下呢?你没想到水下能有什么吗?一个怪兽?半身蛰伏在淤泥里的巨型甲壳动物?十二对爪子缓慢地刨着河床。怪兽不时地微微抬起身体。真相在水底①。"

用这样的畸胎学观点,可以认识构思者的本质:真实只是感知,感知属于主体。感觉、图像、味道只有相对性,"品质——特别是物质的品质、水的流动性、石头的密度等等——作为存在的方式,只是用某种方式将存在现时化。因此,我们的选择是存在的自我发现和被占有的方式。红色和黄色,番茄或豌豆泥的味道、粗糙和柔软,在我们看来,这些根本不是不可化约的数据:它们象征地让我们发现存在的某种呈现,而根据看到存在拂过它们表面的方式,我们用厌恶或喜好做出反应②。"味道是通往主体性的入口,是通往个体真实的簇集中的一簇,是有整体记忆的,让人了解主体如何构想世界的片

---

① 萨特,《恶心》,第94页。
② 萨特,《存在与虚无》,第690页。

断。每个存在都把象征承载物和咸、甜、苦关联起来,象征承载物把存在称为特殊谋划①。萨特描述这样一种奇怪的炼金术,每个存在身上的各种联觉发生结晶之时,炼金术即得以实现。讲述什么是对应物、寻找对应物的形成方式、建立一种意义,这些都属于存在主义心理分析:"柠檬、水、油等等的形而上系数是多少?心理分析有很多的问题要解决:比如,要理解为什么皮埃尔有一天喜欢吃橙子,而害怕喝水,为什么他愿意吃番茄,而拒绝吃蚕豆,为什么他被迫吞咽牡蛎或生鸡蛋后会呕吐②。"

从对一个存在的喜好和厌恶出发,我们可以进入此存在的真实,应理解为"个体从将其与存在的不同象征联系起来的关系出发,得出自由谋划。(……)因此,味道不再是不可化约的数据;知晓如何认识味道,味道就能揭示人的基本谋化,"他继续说,"不是说饮食偏好有一种意义,要明白这一点,就要好好思考,要想到一

---

① 萨特用语,本义为"向前投射"。——译注
② 萨特,《存在与虚无》,前揭,第695页。

个味道并不是一个我们应该辩解的荒谬数据，而是一个明显的价值。如果我喜欢大蒜的味道，而别人竟然不喜欢，我就觉得不合理。吃，实际上同时是用某种存在填塞自己的嘴巴①"。后面的几行字里，他提到巧克力饼干，饼干抵抗、退让、粉碎，跟分析结论消融为一体。

萨特在《文字生涯》里说了很多：他承认，丑陋是存在来到世界的第一个方式。从理发店出来，丑陋就出现了。在别人的眼里，孩子首先具有的特征是复杂的两栖类，他个小体弱，是"谁都不感兴趣的弱小的人②"。孩子被集体拒绝，被别人的游戏拒绝，他遭受排斥。其他的都是虚幻……我们难道在此看不出萨特整个人生最初基本谋划的轮廓，以及他的余生从该设定出发而被构建吗？说到别人排斥自己，萨特变成了螃蟹③。我们可以引用下面的话为他的生命做结论："突然间，我失去了人的外貌，他们看到一只螃蟹倒退着要逃离这个如此人

---

① 萨特，《存在与虚无》，前揭，第706—707页。
② 萨特，《文字生涯》，第114页。
③ 参阅萨特，《恶心》，第117—118页。

性的大厅。现在,被揭开面具的闯入者逃跑了:大厅里的事继续着①。"萨特被一只龙虾追赶,他是被自己的图像,被自己的影子追随的行走者,没有人因看不起甲壳动物而不受惩罚的。大家得警惕对龙虾缺乏尊重的人啊!

---

① 萨特,《恶心》,第146页。

总结

饮食的快乐知识

六位哲学家腰酸背痛,筋疲力尽。酒足饭饱后,他们停止了颇有意味的宴席,把剩菜遗弃在身后。第欧根尼提醒说,要让自然成为指导原则,就不能不用自然的方式理解食物。他手里挥动一只章鱼,重申犬儒者要简单,拒绝考究、复杂和文明。跟在琉善的宴席上碰到的兄弟一样,哲学家用撒出去的尿浇灭身旁的火,他提着双耳尖底瓮,再一次抨击现实的普罗米修斯维度。他解释说,除却天然,没有什么是好的。他坚信自己的独创言论极为优秀,重新坐下来,伸手去抓石头上剩余的人肉,把话留给下一个人。

卢梭离第欧根尼两步之遥,他兴致盎然,有点神经衰弱。轮到他发言了,他先说自己跟前者的共同观点:拒绝复杂,歌颂简单,欲求自然。但他提醒,原则上他反对吃肉,不论熟肉还是生肉,他都反对。奶一直属于拒绝世界的那些人。亲民到可笑程度的日内瓦公民,赞扬模仿自然运动的生活,将这样的生活上升到追求完美的神话高度。卢梭迷恋斯巴达,他阐述的饮食理论不能不让人想到社会契约:要苦行和简居,不要幻想和偶然。他梦想秩序与齿轮最少的简单机器:反对残酷、肉和文明,推崇温和、奶和自然。梦想对现实。这样的疯狂想法差一点变成了现实。1789年把素食主义推向共和道德高度的那些人后来用暴力迫使人们接受斯巴达式的饮食和政治形式。将斯巴达模式作为现代性的出路,这正是喜爱自由流通思想和肥母鸡的伏尔泰主义者所担忧的。

康德总是不说话,他非常好学,做着记录,是专心的学生。他一只手拿着杯子,小口小口地把日内瓦人的整个演讲喝下。他认为,喝一点酒是最好的方式,能促进客人感情,保持宴席气氛。中规中矩的集体用餐少了,相聚欢庆的节日多了。他重读笔记,得出结论,说卢梭的一些分析很中肯。哥尼斯堡年迈大师的教育学、人类学或历史学文章似乎重现了瑞士人的《爱弥儿》和其他几本书。大家以为康德朴素、刻板、多疑成病,但他其实出人意料:有人发现他在这座普鲁士城市的街道上醉如烂泥。哥尼斯堡今天是俄罗斯的加里宁格勒,这座城市的人们肯定还保留着康德的习惯,在夜幕下摇晃地走在港口主干道上。

发生法国大革命和工业革命的世纪之末,即便不提格里莫·德·拉·雷尼耶,也应该说说布里亚-萨瓦兰。他在餐桌上总是多疑好问,正准备撰写具有哲理、感官主义特点及文学性的《味觉生理学》。孔狄亚克和曼恩·德·比朗(Maine de Biran)离他不远。美食家的分析动用各种知识:生理学、医学、化学、卫生,有时还有地理或道德。他开启了作家把食物作为写作对象的时代。就是说,从他开始,快感不再羞羞答答,幸福主义在他的作品里明了可见:他总想说服读者快乐如何美妙,要把快乐发展成理论、逻辑和诗意。作为傅立叶的姐夫,品鉴美食的他是勇于思考感官,尤其勇于思考味道的哲学家。在他之前,人们寻思着哲学家是否还有鼻子①和味蕾,甚至会想,哲学家是否只是简单的机器,是没有感官,即没有感觉,像发明家沃康松的机器人,但活力还不及齿轮和机械装置。布里亚-萨瓦兰继承一种有效率但更为隐蔽的传统:感官主义、"伟大世纪"的伊壁鸠鲁主义、物质主义的传统,也打开了通往显而易见的现代性愿景。如果要举例,就必须说费尔巴哈、叔本华或尼采。这三个人都蔑视精神主义/物质主义二元论,但都推崇整合欲望机器之力量、强力和活力的内在逻辑。怎能忘记离我们更近的德勒兹和加塔利?他们的思考采用近乎确定的表述,承载拉梅特里,或更应说认识弗洛伊德的拉梅特里的思想②。

在哲学家的盛宴里,我们认出了参加者,其中肯定有作为客人的布里亚-萨瓦兰和格里莫·德·拉·雷尼耶,还有拉梅特里、萨德、玛加利大·玛利亚、伽森狄(Gassen-

---

① 阿尼克·勒·盖莱(Annick Le Guérer),《哲学家有鼻子吗?》(«Les philosophes ont-ils un nez ? »),《殊途》(Autrement,《气味》杂志特刊)。

② 勒兹和菲利克斯·加塔利(Félix Guattari),《反俄狄浦斯和千高原》(l'Anti-Œdipe et Mille Plateaux),午夜出版社(Minuit)。

di)、圣-埃弗尔蒙(Saint-Evremond)或拉默特·勒瓦耶(La Mothe Le Vayer)，或许还有加斯东·巴什拉和米歇尔·塞尔[①]。

萨德和玛加利大·玛利亚的相遇方式很奇特。令人唏嘘的偶然让他们面对面，有如两个对立趋势的象征表达。奇怪……我们在圣女和浪子附近又找到了诺斯替主义者的奇妙迷幻的逻辑：荒漠的迷恋者们拒绝肉体、身体。他们更愿意躲在节日的角落里祈祷。苦行、隐修或放牧，都是通向基督的路径，但基督教谴责皮肤、血液、肉和淋巴。这些太庸俗了。摄入/消化、进食/排泄的循环，在他们看来是附庸于偶然性的最明显标志。他们的榜样是耶稣，瓦伦丁描写耶稣时说："他吃东西，喝东西，但不排泄。他的节欲能力强大到食物在体内都不会腐败，因为他的身体绝无任何腐败[②]。"

我们回到玛加利大·玛利亚，伟大世纪的圣女。

[①] 米歇尔·塞尔(Michel Serres)，《五种感官》(les Cinq Sens)，格拉塞出版社。
[②] 雅克·拉卡亚尔(Jacques Lacarrière)，《诺斯替主义者》(les Gnostiques)，伽利玛出版社，"思想"丛书，第43页。

路过宴席的心理分析家是热内·马约尔,这位研究妄想症的决定论专家①,我们要明确告诉他,圣女的世俗名字叫亚拉高。这不能编造。我们也要明确指出,她最讨厌之物莫过于奶酪②,她食用奶酪的方式很神秘,对奶酪感到那么恶心,居然还要强迫自己吃。在圣女的单子上:各种苦修、否定身体基本必需、享受蔑视自我、遵循戒律、穿粗麻衬衣、鞭打自己、不排泄——精神恍惚的人有这种怪癖,还有拒绝食物。当要屈尊摄入点什么的时候,她偏爱的是边缘食物——至少还吃点什么!让我们看看:她特别享受医生开给她的苦药汁③。味道越恶心,她越是要延迟吞咽,越要好好品味。同样,她吃"女病人不要的食物;还有一次,她照顾(用舌头触碰)一个染痢疾的修女,兴奋得心跳加

---

① 内·马约尔(René Major),《专有名词的逻辑和迁移》(*la Logique du nom propre et le transfert*),《交锋》(*Confrontation*)第15期,奥比埃-蒙田出版社(Aubier-Montaigne);《辨别力 和论选择》(*le Discernement et De l'élection*),奥比埃-蒙田出版社。

② 奥古斯特·哈默(A. Hamon),圣-茹斯特,《圣女玛加利大-玛利亚》(*Sainte Marguerite-Marie*),博深出版社(Beauchesne)第90页。

③ 同上,第242页。参阅克莱特·伊夫(Colette Yver)的《玛加利大-玛利亚,基督的信使》(*Marguerite-Marie, messagère du Christ*),Spes出版社。

剧①"。食物或食材如果掉到地上,她就把最脏的部分留给自己②。

有钱的伙伴、神人萨德侯爵很愉快地赴宴。对于圣女,食物是实现自我蔑视的手段;对于浪子,食物是延伸欲望和快感的论据。他拿着装有斑蝥糖果的盒子——这位巴士底狱常客是特殊的食客——用心为狱友社团写章程,在第十六条里,他写道:"餐桌上剩多少菜都是允许的(……)。提供一切可能手段(……)以满足用餐者③。"色情狂一贯主张饮食要服从于性:饮食用性开支补偿,或为性开支准备。神秘主义者要求人们关注短缺,浪子却相反,他激励世人关注过剩:节日、狂欢和厨艺庆典都不能少。新人加入社团的性交时刻都用饮食方式庆祝。萨德式的消化宗教用两个术语颂扬辩证法:摄食/排泄。在侯爵理论上的美食里,屎被神圣化了:屎是营养的目的论时刻。

---

① 哈默,圣-茹斯特,《圣女玛加利大-玛利亚》,前揭,第89页。
② 同上,第20页。
③ 萨德,《朱丽叶》(*Histoire de Juliette*),全集,第八卷,第405页。

在迷恋精神快感的人身上,屎是缺位的,在享乐者身上,屎是无处不在的。出现在《索多玛的一百二十天》里的屎,在这点上很有表现力。如果把诺斯替主义者或圣女玛加利大·玛利亚的宗教经验和萨德并列放在一起,可以验证两个极端最终在何处相聚。我们让诺埃勒·莎特莱列个清单:"阅读时(……)愈发尴尬地发现意外摄食接连不断,从吃鼻涕到吃胎儿,还有吞食口水、脓水、精液、屁、月经、眼泪、嗝、嚼烂的食物和呕吐物①。"什么都没落下。

宴席的宾客中有没有可以匹敌的杂食者? 第欧根尼,也许吧。在侯爵身上我们的确又找到了对吃的第欧根尼式思考:反抗文化、反对文化的程度胜于推崇自然的程度。饮食禁忌被浪子式的摄食侵犯,没有什么约束和限制。在萨德式的节日王国里,没有任何禁忌。从这个角度看,因此有了食粪、杀人或食人②,也因此有了吸血的做法,以及

---

① 诺埃勒·莎特莱,《餐桌上的浪子》(«Le libertin à table»),色里西研讨会,论文集《萨德,书写危机》(*Sade, écrire la crise*),贝尔封出版社(Belfond),第78页。

② 《萨德全集》第四卷,第198页。

为了满足嗜血欲的其他场景,所以最后有了吃烤熟的小女孩的一幕①,或者还有——我们又找到诺埃勒·莎特雷的清单:"睾丸肉酱、人血灌肠、冰激凌形状的屎等等②。"吓坏了的女读者写道:邪恶。我们还可以再读读科洛索夫斯基(Klossowski)、莱利(Lély)或布朗肖(Blanchot)……

萨德说的比做的多。必须掂量虚构文章的信息和来自传记、信札,尤其是他跟妻子的通信里透露的信息。他的考虑是绝对自由的:他并不邀请人放纵,因为他知道,如果放纵要发生,是因为必然要发生。他并不邀请吃人,但明确说,如果发生吃人肉的事,那只能属于自然,属于自然的必然性。在尼采之前,萨德确定地说,他阅读的现实是屈从于决定论的逻辑。在《瑞斯丁娜或美德的不幸》里,他写道:"如果某些人的品味让有成见的世人震惊,那么根本不要对他们感到奇怪,不要训斥他们,不要惩罚他们,而要服务他们,满足他们,消除所有妨碍他们的约束。如果想要做得公平,还得给他们能不冒风险就满足自己

---

① 萨德,《朱丽叶》,第 260—261。
② 诺埃勒·莎特莱,前揭,第 81 页。

的所有手段,因为是否追求精神,是否成为野兽,是否端庄,是否驼背,这些都不再受到你们的约束①。"爱命运。没有什么可以反对自然……

相比用烤小女孩和冰镇屎构成的饮食,萨德满足于一种很纯真的烹饪。虚构文章里的饮食是虚构的,信件里的饮食是真实的:魔幻食物没有禁忌,正如梦不受限制。孩子的吞噬者最喜欢禽肉、肉糜、糖煮水果、棉花软糖、糖果、香料、奶糖糕点、果酱、奶油夹心烤蛋白和巧克力糕。简直是小姑娘的标准简单晚餐。肉铺卖的肉几乎吸引不了他,而他较常品尝香槟和松露的美妙滋味。给妻子的一封信揭示了萨德式美食主张的秘密:"肉羹用二十四只麻雀熬制配米饭加红花,一份鸽子肉馅饼配洋蓟,一份香草奶油,几只普罗旺斯松露,一只配松露的火鸡,几个加果汁的鸡蛋,鹧鸪肉糜加松露和浓果酒,香槟酒,琥珀糖煮水果②。"萨德在文字和小说里比在口头和日常

---

① 萨德,《瑞斯丁娜或美德的不幸》(*Justine ou les Malheurs de la vertu*),波维尔出版社(Pauvert),第214—217页。

② 转引自贝阿特里斯·芬克(Béatrice Fink)的《萨德式乌托邦的饮食解读》(«Lecture alimentaire de l'utopie sadienne»),萨德研讨会论文集,第175页。

里更边缘。一边是玛加利大·玛利亚,一边是萨德,你邀请谁?应该说,前者亚拉高在餐桌上比侯爵公民更令人诧异。萨德的嘴唇上没有童女的血,嘴角只有他最喜欢的糕点留下的可可粉;圣女嘴唇上的那圈棕色的痕迹就不好说了……

夏尔·傅立叶心不在焉,忘记邻座的那些口头上的食人妖魔,实践上的纯情少女,他为食物的诗意辩护:星球媾和产生水果、美食战争、肉酱唯物主义和鱼肉香菇饼修辞学,不论厨房还是工厂,这一切都是乌托邦式的妄想。思想家关注神秘的和谐社会,他没有忘记食物,要将现实的各个方面网格化。他着迷于绿色植物,居然在公寓地板上铺一层土,把公寓改造成温室。主张新秩序的哲学家积极展开美食论述,同时说明他的政治思想,或政治经济学的细节。的确,美食学是一门关键科学。在傅立叶的成就单上,应该记录他要改变人与身体关系的想法:消除罪恶感是他的主要目标。他的终极欲望是乌托邦里的享乐。和谐制度是为了通达愉悦的政治形式。

傅立叶一头栽进星球,他看不到那个如同苦役一般行走的尼采。尼采每天走好几个小时,甚至十个小时。

他用心记住走过的路,由于视力太糟糕,无法拿出信心随意行动。山路是危险的。尼采与食物的关系道出哲学家与人以及世界的整体关系。他写出极佳的作品,其中许多文章扎根于感受:欲求伴侣和朋友而不得,他感到失望,便投入对女性和人类的谩骂。查拉图斯特拉让人用鞭子抽打见到的每个女人,可他的主人和创造者却曾经向学校当局游说,主张同意一位女子进行博士论文答辩。要知道这在当时是禁止的。同样,尼采曾经对短暂交往的女性掏心置腹,说出自己这样或那样的观点,比如,玛尔维达·冯·梅森堡(Malvida von Meysenburg)。查拉图斯特拉那么贬低友谊,而尼采却经历了那么深刻的友谊。如果没有加斯特(Gast),就不会有尼采的伟大作品。思想家的视力极差,加斯特阅读、重读、修改、誊抄、再寄给作者。他把尼采接到威尼斯,只要尼采需要帮忙,他就在其左右。这不是友谊是什么?尽管如此,任何形式的照顾在他看来都是监狱。需要再来一个例子吗?期待成功,却又落空,于是,他借别人之口说出自己的感受,说他为未来的人们写作,为未来的世纪写作。关于食物,我们可以说出同样的话:他拒绝日耳曼的沉重和日耳曼的食物,愈发投入跟自己的主张不一致的实践当中,竟为皮埃蒙特的美食幻想不已。他心里挂念着舞蹈和轻盈的脚步,却喜欢肉末和肉酱,后来只吃母亲为他做的肉制品……

马里内蒂将实践推向更远。未来主义者的理论伴随着实践。马里内蒂式的宴席曾经真正举办过:使用花哨的艺术品和巴洛克式的场景布置,宴席有力辩护了从摆脱守旧主义糟粕的纯粹时刻开始,便让现实成形的强烈意志。未来主义美食邀请人们进行烹饪革命,不分地域,不论此地,还是别处,哪怕革命变成反动。支配历史的规律仍统领着饮食史诗事件。饮食历史就是历史。决定一种美食敏感和一种用餐举止,就是决定一种敏感和一种举止。

最后,食物让哲学家萨特成为自己身体的永恒敌人。在这里,在塔什干,他跟苏联工程师斗酒;在那里,在丽兹酒店,他跟海明威斗酒。乘船从勒阿弗尔到纽约的时候,萨特竟然睡倒在船上的救生艇直至酒醒。在日本,他尝到生剑鱼片或带血的吞拿鱼,餐末,他吐了。在法国北部的布律埃煤矿区,他在矿工家里吃晚餐,红酒洋葱烧兔肉引发了两个小时的哮喘。在摩洛哥,他吃羊角糕、鸽肉杏仁饼、烤全羊、柠檬鸡和古斯古斯后,肝疼欲裂①。后来,他吞下一管安非他明,一晚上聋了几个小时。把他留在拯救人类的静寂里吧,我们要警惕让人耳聋的哲学……

食物通往虚无和永恒,人注定进食和被进食。作为食物的隐喻,死亡只是跟嘴巴相关的一个版本而已。心理分析师对美食极化会有很多要说的:比如阶段固定、口腔享受、可被社会接受的断奶文化替代物、细微之处的瞬间升华。精神病学家会分析厌食症和暴食症,发现抓不住世界的同一偏执之正反面,他们肯定会不容置疑地区分正常和病态、嘴的异常状况、嘴的好坏使用。经济学家,还有历史学家,会说调味品的诗意地理学、糖和鱼子酱的行程、盐的光辉历史,他们顺便能得出某个理论。从括约肌控制到银行钞票,从纸币到珍贵贝壳,真是波折的神话故事。缺少一个刘易斯·卡罗尔或一个琉善。社会学家,还有布尔迪厄,会说百姓的爱好(重—咸—腻)和资

---

① 参阅波伏娃的《了结一切》(*Tout compte fait*),伽利玛出版社,第349页;《永别的仪式》,伽利玛出版社,第25页,以及《岁月的力量》,伽利玛出版社,第二卷,第378页。

产者的选择。美食家会说香、色、味如何,滋味如何好,以及入口即化、唇齿留香什么的。但神学家会说贪吃是他们的七宗罪之一。

而哲学家能邀请大家根除神圣,彻底消灭放弃和苦行的意愿。酒神智慧会对基督教长久颂扬的性冷淡出言不逊。无神论知识是一种美学智慧。不分彼此的行动科学和生活艺术邀请世人关注幸福主义饮食(伦理)学。肉体注定要腐烂,要散成碎块,在死亡之前,肉体才有命运。身体的不当使用是一种错,错本身包含罚:逝去的时光无法追回。

参 考 文 献

1. 概论性作品

马格洛娜·图桑-萨玛,《食物的自然史和道德史》,博达斯出版社,总590页,参见文献目录第573—576页。(Maguelonne TOUSSAIENT-SAMAT, *Histoire naturelle et morale de la nourriture*, Bordas, 590 p. Cf. bibliographie, p. 573—576.)

芭芭拉·凯查姆·维通,《仪式和嘴巴:法国餐桌风俗史,1300—1789年》,卡尔曼-列维出版社,共380页,参考文献相当完整,从第353—370页。文献数目超过300

个。(Barbara KETCHAM WHEATON, *l'Office et la bouche. Histoire des mœurs de la table en France*. 1300—1789, Calmann-Lévy, 380 p. Cf. bibliographie très complète, p. 353—370. Plus de 300 titres.)

《历史》杂志特刊,第 85 期,《烹饪与餐桌的历史:美食五千年》。每篇文章后都有参考文献。29 个访谈录,其中有雅克·勒高夫、帕斯卡尔·奥利、让-路易·弗朗德林。(Numéro spécial de la revue *l'Histoire*: la Cuisine et la table. Cinq mille ans de gastronomie, n°85. Bibliographies à la fin de chaque article. 29 interventions dont celles de Jean-Louis FLANDRIN.)

让-路易·沃多耶,《美食颂》,阿歇特出版社。

Jean-Louis VAUDOYER, *Éloge de la gourmandise*, Hachette.

2. 批判性分析

让-保尔·阿伦,《19 世纪的食客。资产阶级的狂爱:食物》,沉思出版社。

Jean-Paul ARON, *le Mangeur du XIXe siècle. Une folie bourgeoise : la nourriture*, Denoël, Mediations.

《论 19 世纪巴黎的饮食特点》,《编年史》第 25 期。

Essai sur la sensibilité alimentaire à Paris au XIXe siècle, *Cahiers des annales*, n°25.

布希亚·萨瓦兰,《味觉生理学》,朱利亚尔出版社,让-弗朗索瓦·赫维勒作序,第 5—14 页。也请参阅罗兰·巴特写的序言,以及罗兰·巴特在《神话学》(瑟伊出版社"观点"丛书)中写的几篇有关烹饪的文章。

BRALLAT-SAVARIN, *Physiologie du goût*, Julliard. Avec une préface de Jean-François REVEL, p. 5—14. Voir également la préface de Roland BARTHES et quelques-uns des textes de celui-ci sur la cuisine dans *Mythologies*, Points Seuil.

布尔迪厄,《区隔:判断力的社会批判》,午夜出版社。

Pierre BOURDIEU, *la Distinction. Critique sociale du jugement*, Minuit.

诺埃勒·莎特莱,《与食物的亲密接触》,瑟伊出版社。参见文献于萨德研讨会论文集《萨德,书写危机》,贝尔封出版社,第67—84页文章《餐桌上的放纵者》。参阅同一论文集里贝阿特丽丝·芬克的《萨德式乌托邦的饮食解读》,第175—192页。

Noëlle CHATELET, *le Corps à corps culinaire*, Seuil. Cf. bibliographie, in Actes du Colloque Sade, *Sade*, *écrire la crise*, Belfond, article p. 64—84 :« Le libertin à table ». Voir dans le même ouvrage l'article de Béatrice FINK « Lecture alimentaire de l'utopie sadienne », p. 175—192.

格里莫·德·拉·雷尼耶,《美食手记,馋嘴者年鉴》(1803年)和《晚宴东道主手册》(1808年),10/18。参阅让-克洛德·波奈的序言及评注。也参阅《佳肴胜女人》,普拉斯玛出版社。

GRIMOD DE LA REYNIÈRE, Ecrits gastronomiques. *Almanach des gourmands* première année (1803) et *Manuel des amphitryons* (1808), 10/18. Voir la préface de Jean-Claude BONNET et ses notes critiques. Du même : *Avantages de la bonne chère sur les femmes*, Plasma.

让-弗朗索瓦·赫维勒,《话语的盛宴:古今美食文学史》,口袋书系列。

Jeans-François REVEL, *Un festin en paroles. Histoire littéraire de la sensibilité gastronomique de l'Antiquité à nos jours*, Livre de Poche.

3. 引言参考文献

按出现顺序：

迪米提·达维汤戈,《丑闻中的笛卡尔》,罗贝尔·拉封出版社。

Dimitri DAVIDENKO, *Descartes le scandaleux*, Robert Laffont.

让·科勒瑞斯,《斯宾诺莎的一生》,作品大全中的斯宾诺莎部分,七星文库。

Jean COLERUS, « La vie de B. de Spinoza in Spinoza », . in Spinoza, *Œuvres complètes*, Pléiade.

黑格尔,《黑格尔书信选》,伽利玛出版社,第一卷。

G. W. F. HEGEL, *Correspondance*, Gallimard, t. I.

安妮·科恩-索拉尔,《萨特》,伽利玛出版社。

Annie COHEN-SOLAL, *Sartre*, Gallimard.

丽迪娅·弗莱姆,《弗洛伊德和他的病人们的日常生活》,阿歇特出版社。

Lydia FLEM, *la Vie quotidienne de Freud et de ses patients*, Hachette.

安德烈 卡斯特洛,《餐桌上的历史》,普隆-贝林出版社,文献目录第709—713页。

André CASTELOT, *l'Histoire à table*, Plon-Perrin, bibliographie p. 709—713.

列维-斯特劳斯,《忧郁的热带》,普隆出版社。

Claude LÉVI-STRAUSS, *Tristes Tropiques*, Plon.

雅克·拉卡亚尔,《诺斯替主义者》,伽利玛出版社思想系列。

Jacques LACARRIÈRE, *les Gnostiques*, Idées Gallimard.

皮埃尔·克拉斯特,《印第安人瓜亚奇部落编年史》,普隆出版社。

Pierre CLASTRES, *Chronique des Indiens Guayaki*, Plon.

米歇尔·昂弗莱·德·拉美特里,《享乐的艺术》和《人是机器》,作品全集。

J. OFFROY DE LA METTRIE, *L'Art de jouir et l'Homme-Machine*, *Œuvres complètes*.

巴丁特夫妇,《孔多塞,文人政客》,法亚尔出版社。

E. et R. BADINTER, *Condorect. Un intellectuel en politique*, Fayard.

费尔巴哈,《哲学宣言》,10/18。《多元思想》。

Ludwig FEUERBACH, *Manifestes philosophiques*, 10/18. *Pensées diverses*.

福柯,《快感的运用》,《性史》第二卷。也参阅《关注自我》,《性史》第三卷,伽利玛出版社。

Michel FOUCAULT, *l'Usage des plaisirs. Histoire de la sexualité*, t. II; voir aussi *le Souci de soi, Histoire de la sexualité* t. III, Gallimard.

迪迪埃·雷蒙,《叔本华》,小宇宙丛书,瑟伊出版社。

Didier RAYMOND, *Schopenhauer*, Microcosme, Seuil.

4. 第一章参考文献

黑格尔,《历史哲学》,第一卷,弗林出版社。

G. W. F. HEGEL, *Leçons sur l'histoire de la philosophie*, t. I, Vrin.

尼采,《超越善恶》,10/18;《瞧,那个人!》,伽利玛出版社思想系列。

NIETZSCHE, *Par-delà le bien et le mal*, 10/18; *Ecce Homo*, Idées Gallimard.

第欧根尼,《名哲言行录》,伽弥埃-弗拉马里翁出版社。

DIOGÈNE LAËRCE, *Vie, doctrines et sentences des philosophes illustres*, Garnier-Flammarion.

蒙田,《散文》,七星文库。

MONTAIGNE, *Essais*, Pléiade.

马塞尔·德蒂安,《被处死的狄俄尼索斯》,伽利玛出版社;《烹饪实践和牺牲精神》,自维尔南和蒂安合著的《希腊的祭祀烹饪》,伽利玛出版社。

Marcel DÉTIENNE, *Dionysos mis à mort*, Gallimard; Pratiques culinaires et esprit de sacrifice, in J.-P. VERNANT et M. DÉTIENNE *la Cuisine du sacrifice en pays grec*, Gallimard.

维尔南,《人类的餐桌:从郝西奥德的作品看祭祀创立之谜》。

Jean-Pierre VERNANT, « A la table des hommes. Mythe de fondation du sacrifice chez Hésiode», op. cit.

柏拉图,《理想国》,七星文库,《全集》。

PLATON, la République, Pleiade, Œuvres complètes.

琉善,《犬儒者》,阿歇特出版社。

LUCIEN DE SAMOSATE, le Cynique, Œuvres. Hachette.

狄翁·克利若斯托姆,《演说》。

DION CHRYSOSTOME, Discours.

第欧根尼,《致摩尼姆的信》,自雷昂斯·帕凯的《希腊犬儒者》,渥太华大学出版社。

DIOGÈNE DE SINOPE, Lettre à Monime, in Léonce PAQUET, les Cyniques grecs, Presses universitaires d'Ottawa.

普鲁塔克,《希腊罗马名人传》。

PLUTARQUE, De esu carnium, Œuvres.

玛丽-奥迪勒·古莱-卡兹,《犬儒的苦行:论第欧根尼·拉尔修》,第六章,第70—71页,弗林出版社。

Marie-Odile GOULET-CAZE, *l'Ascèse cynique. Un commentaire de Diogène Laërce*, VI, 70—71, Vrin.

索福克勒斯,《安提戈涅》,伽弥埃-弗拉马里翁出版社。

SOPHOCLE, *Antigone*, Garnier-Flammarion.

5. 第二章参考文献

卢梭,《卢梭全集》,第一、二、三、四卷,七星文库;尤其要参阅《忏悔录》、《新爱罗伊斯》、《论科学与艺术》、《论人类不平等的起源》、《爱弥儿》;《论语言的起源》引自"字匠藏书"系列。

伏尔泰,《书信集》,七星文库。

VOLTAIRE, *Correspondance*, Pléiade.

圣-茹斯特,《共和机制断想》,瑟伊出版社,"观点"丛书。

SAINT-JUST, *Fragments* d'institutions républicaines, Points Seuil.

约阿希姆·费斯特,《元首希特勒》,伽利玛出版社。

JOACHIM FEST, *Hitler le Führer*, Gallimard.

6. 第三章参考文献

康德,《康德哲学作品集》,七星文库,第一、二、三卷;《道德形而上学》(*Métaphysique des mœurs. Doctrine de la vertu*),自《道德律》(*Doctrine de la vertu*),弗林出版社;《实用人类学》,弗林出版社;《品质的冲突》,弗林出版社;《论头痛》(*Essai sur les maux de tête*),自《康德全集》;《论美感与崇高感》(*Observations sur le sentiment du beau et du sublime*),七星文库,第一卷。

阿森尼耶·古力伽,《伊曼努尔·康德的一生》,奥比埃出版社。

Arsénij GOULYGA, Emmanuel Kant. *Une vie*, Aubier.

埃雷戈特·安德烈亚斯·克里斯托夫·瓦西安斯基,《康德最后的日子》(E. A. C. WASIANSKI, «Emmaneul Kant dans ses dernières années»);路德维希·恩斯特·博罗夫斯基,《对康德生活和性格的记叙》(L. E.

BOROWSKI, « Description de la vie et du caractère d'Emmaneul Kant »);赖因霍尔德·伯恩哈德·雅赫曼,《在信里向朋友描述的康德》,自让·米斯特莱的《私密的康德》,格拉塞出版社(R. B. JACHMANN, « Emmaneul Kant dans ses lettres à un ami », in Jean Mistler, *Kant initime*, Grasset)。

7. 第四章参考文献

夏尔·傅立叶,《傅立叶全集》共12卷,人文社科出版社;尤请参阅《四次运动的理论》(*Théorie des quatre mouvements*);《宇宙统一论》(*Théorie de l'unité universelle*);《新的工业世界和社会事业》(*le Nouvelle Monde industriel et sociétaire*);《爱的新世界》(*le Nouvelle Monde amoureux*);《虚伪的工业》(*la Fausse Industrie*)以及《法郎吉出版的手抄本》(*Manuscrits publiés par la Phalange*)、《社科期刊》(*Revue de la science sociale*)。

罗兰·巴特,《萨德,傅立叶,罗犹拉》,瑟伊出版社,"观点"丛书。

Roland BARTHES, *Sade/Fourier/Loyola*, Points Seuil.

帕斯卡尔·布鲁克纳,《傅立叶》,瑟伊出版社。

Pascal BRUCKNER, *Fourier*, Seuil.

让·格雷著,《傅立叶思想》,法国大学出版社。

Jean GORET, *la Pensée de Fourier*, P. U. F.

8. 第五章参考文献

尼采,《尼采全集》,伽利玛出版社。尤请参阅《瞧那个人!》(*Ecce Homo*)、《快乐的知识》(*le Gai Savoir*)、《悲剧的诞生》(*la Naissance de la tragédie*)、《朝霞》(*Aurore*)、《偶像的黄昏》(*le Crépustule des idoles*)、《旅行者和他的影子》(*le Voyageur et son ombre*)、《瓦格纳事件》(*le Cas Wagner*)、《超越善与恶》(*Par-delà le bien et le mal*)、《不适时的思考》(*Considérations inactuelles*)第三部,《尼采书信录》(*Correspondance générale*)。

库特·保尔·詹斯,《尼采传》,第一、二、三卷。

Curt Paul JANZ, *Biographie*, t. I, II, III.

丹尼尔·哈雷维,《尼采》,口袋书系列。

Daniel HALÉVY, *Nietzsche*, Livre de poche.

9. 第六章参考文献

菲利波·托马索·马里内蒂和菲利亚,《未来主义烹饪》,娜塔莉·海因里希译,梅塔里耶出版社。

F. T. MARINETTI et FILLIA, *la Cuisine futuriste*, traduit et présenté par Nathalie HEINICH, Éd. Métaillé.

基欧维尼·里斯塔,《马里内蒂》,塞格尔斯出版社"传记和文本"丛书。

Giovanni LISTA, *Marinetti*, Seghers, biographie et textes.

菲利波·托马索·马里内蒂,《激励人心的未来主义美食》,《宣言,思想,论战》和《餐饮业的未来主义食谱》。

F. T. MARINETTI, « Les repas futuristes incitatifs », « Manifestes, idéologie, polémique » et « Recettes futuristes pour restaurants et oulonboit », *op. cit.*

马里内蒂,《未来主义,宣言和杂文》,人的时代出版社。

F. T. MARINETTI, *le Futurisme*, manifestes et textes divers, L'Âge d'homme.

蓬杜斯·胡尔腾,《未来主义和各种未来主义》,绿色之路出版社。

PONTUS HULTEN, *Futurisme et futurismes*, Le Chemin vert.

10. 第七章参考文献

让-保罗·萨特,《恶心》(*la Naussé*),伽利玛出版社,七星文库;《阿尔托纳的死囚》(*les Séquestrés d'Altona*),伽利玛出版社;《文字生涯》(*les Mots*),伽利玛出版社;《想象》(*l'Imaginaire*),伽利玛出版社;《现代》(*Actuel*)杂志,1973年2月访谈录,第28期;《奇怪战争的笔记本》(*les Carnets de la drôle de guerre*),伽利玛出版社;《存在与虚无》(*l'Être et le Néant*),伽利玛出版社;《道德笔记》(*Cahiers pour une morale*),伽利玛出版社。

西蒙娜·德·波伏娃,《永别的仪式》后附《萨特访谈录》,伽利玛出版社;《岁月的力量》,伽利玛出版社。

Simon DE BEAUVOIR, *la Cérémonie des adieux*, suivi de *Entretiens avec Jean-Paul Sartre*, Gallimard; *la Force de l'âge*, Gallimard.

苏珊娜·里拉尔的《关于萨特和爱情》,格拉赛出版社。

Suzanne LILAR, *A propos de Sartre et de l'amour*, Grasset.

爱丽丝·施瓦泽,《今天的西蒙娜·德·波伏娃,六次访谈录》,法兰西信使出版社。

Alice SCHWARZER, *Simone de Beauvoir aujourd'hui. Six entretiens*, Merture de France.

安妮·科恩-索拉尔,《萨特:1905—1980》,伽利玛出版社。

Alice COHEN-SOLAL, *Sartre*, 1905—1980, Gallimard.

11. 总结部分的参考文献

奥古斯特·哈默,《圣女玛利加大-玛利亚》,博深出版社。

A. HAMON, S. J., *Sainte Marguerite-Marie*, Beauchesne.

克莱特·伊夫,《玛利加大-玛利亚,耶稣基督的信使》,Spes 出版社。

Colette YVER, *Marguerite-Marie messagère du Christ*, Spes.

勒内·马约尔,《判别力》、《固有名称的逻辑和情感迁移》,自《交锋》第 15 期,奥比埃-蒙田出版社。

René MAJOR, *le Discernement*, *De l'élection et la Logique du nom propre et le transfert*, Confrontation n° 15, Aubier-Montaigne.

色西里研讨会,《萨德,书写危机》,贝尔封出版社;诺埃勒·莎特莱的《餐桌上的浪子》和贝阿特里斯·芬克的《萨德式乌托邦的饮食解读》。

Colloque de Cerisy, *Sade, écrire la crise*, Belfond; articles de Noëlle CHAPELET, « Le libertin à table », et de Béatrice FINK, « Lecture alimentaire de l'utopie sadienne ».

阿尼克·勒盖莱,《哲学家有鼻子吗?》,《殊途》(*Au-*

trement,《气味》杂志特刊)。

Annick LE GUÉRER, « Les philosophes ont-ils un nez ?» *Autrement*. (*Odeurs*.)

吉尔·德勒兹,菲利克斯·加塔利,《反俄狄浦斯和千座高原》,午夜出版社。

Gilles DELEUZE et Félix GUATTERI, l'*Anti-Œdipe et Mille Plateaux*, Minuit.

米歇尔·塞尔,《五种感官》,格拉赛出版社。

Michel SERRES, *les Cinq Sens*, Grasset.

萨德,《朱丽叶和瑞斯丁娜的故事,或美德的不幸》,全集。

D. A. F. de Sade, *Histoire de Juliette, Justine ou les Malheurs de la vertu, Œuvres complètes*.

"轻与重"文丛(已出)

01 脆弱的幸福　　　　[法]茨维坦·托多罗夫 著　　孙伟红 译
02 启蒙的精神　　　　[法]茨维坦·托多罗夫 著　　马利红 译
03 日常生活颂歌　　　[法]茨维坦·托多罗夫 著　　曹丹红 译
04 爱的多重奏　　　　[法]阿兰·巴迪欧 著　　　　邓　刚 译
05 镜中的忧郁　　　　[瑞士]让·斯塔罗宾斯基 著　郭宏安 译
06 古罗马的性与权力　[法]保罗·韦纳 著　　　　　谢　强 译
07 梦想的权利　　　　[法]加斯东·巴什拉 著

　　　　　　　　　　　　　　　　　　　　杜小真　顾嘉琛 译
08 审美资本主义　　　[法]奥利维耶·阿苏利 著　　黄　琰 译
09 个体的颂歌　　　　[法]茨维坦·托多罗夫 著　　苗　馨 译
10 当爱冲昏头　　　　[德]H·柯依瑟尔　E·舒拉克 著

　　　　　　　　　　　　　　　　　　　　　　　　张存华 译
11 简单的思想　　　　[法]热拉尔·马瑟 著　　　　黄　蓓 译
12 论移情问题　　　　[德]艾迪特·施泰因 著　　　张浩军 译
13 重返风景　　　　　[法]卡特琳·古特 著　　　　黄金菊 译
14 狄德罗与卢梭　　　[英]玛丽安·霍布森 著　　　胡振明 译
15 走向绝对　　　　　[法]茨维坦·托多罗夫 著　　朱　静 译

16 古希腊人是否相信他们的神话

    ［法］保罗·韦纳 著   张 竝 译

17 图像的生与死 ［法］雷吉斯·德布雷 著

             黄迅余 黄建华 译

18 自由的创造与理性的象征

  ［瑞士］让·斯塔罗宾斯基 著

           张 亘 夏 燕 译

19 伊西斯的面纱 ［法］皮埃尔·阿多 著 张卜天 译

20 欲望的眩晕 ［法］奥利维耶·普里奥尔 著 方尔平 译

21 谁,在我呼喊时 ［法］克洛德·穆沙 著 李金佳 译

22 普鲁斯特的空间 ［比利时］乔治·普莱 著 张新木 译

23 存在的遗骸 ［意大利］圣地亚哥·扎巴拉 著

      吴闻仪 吴晓番 刘梁剑 译

24 艺术家的责任 ［法］让·克莱尔 著

           赵苓岑 曹丹红 译

25 僭越的感觉/欲望之书

  ［法］白兰达·卡诺纳 著 袁筱一 译

26 极限体验与书写 ［法］菲利浦·索莱尔斯 著 唐 珍 译

27 探求自由的古希腊 ［法］雅克利娜·德·罗米伊 著

               张 竝 译

28 别忘记生活 ［法］皮埃尔·阿多 著 孙圣英 译

图书在版编目(CIP)数据

哲学家的肚子 /(法)米歇尔·翁弗雷著;林泉喜译.
--上海:华东师范大学出版社,2017.1
("轻与重"文丛)
ISBN 978-7-5675-5710-9

Ⅰ.①哲… Ⅱ.①米…②林… Ⅲ.①哲学—通俗读物 Ⅳ.①B-49

中国版本图书馆 CIP 数据核字(2016)第 233667 号

华东师范大学出版社六点分社
企划人 倪为国

LE VENTRE DES PHILOSOPHES
BY MICHEL ONFRAY
Copyright © Editions Grasset & Fasquelle,1989
Published by arrangement with Editions Grasset & Fasquelle
Simplified Chinese Translation Copyright © 2017 by East China Normal University Press Ltd.
ALL RIGHTS RESERVED.
上海市版权局著作权合同登记 图字:09-2012-504 号

轻与重文丛
哲学家的肚子

主　　编　姜丹丹　何乏笔
著　　者　(法)米歇尔·翁弗雷
译　　者　林泉喜
责任编辑　王莹兮
封面设计　姚　荣

出版发行　华东师范大学出版社
社　　址　上海市中山北路 3663 号　邮编　200062
网　　址　www.ecnupress.com.cn
电　　话　021-60821666　行政传真　021-62572105
客服电话　021-62865537
门市(邮购)电话　021-62869887
地　　址　上海市中山北路 3663 号华东师范大学校内先锋路口
网　　店　http://hdsdcbs.tmall.com

印 刷 者　上海中华商务联合印刷有限公司
开　　本　787×1092　1/32
印　　张　7.25
字　　数　76 千字
版　　次　2017 年 1 月第 1 版
印　　次　2017 年 8 月第 2 次
书　　号　ISBN 978-7-5675-5710-9/B·1045
定　　价　38.00 元

出 版 人　王　焰

(如发现本版图书有印订质量问题,请寄回本社客服中心调换或电话 021-62865537 联系)